好心・好世界

聖嚴法師談心靈環保

聖嚴法師◎著

編者序

帶著好心，開創好世界

如果將生命視爲一段旅程，在充滿未知與疑惑的旅途中，你是否已找到安頓安心、繼續前行的法寶？

這本《好心・好世界——聖嚴法師談心靈環保》，正是一本俯拾皆是安心法寶的智慧書冊，引領我們透過觀念的進化與淨化，在生命旅程中，無論遭逢任何情境，都能安於當下，將其視爲修練、調整、轉化內在質地的契機，讓自我身心得到提昇、安頓，進而使生命中所有相關的因緣與關係狀態，逐步落實圓滿。

心靈環保的緣起

回顧二十多年前，儘管物質生活條件不斷提高，但人們的心靈品質卻未同幅提昇，雖然有更多的財富，可是大家並沒有得到更多的平安和幸福，甚至找不到生命的安全感及生活的安定力。

聖嚴法師認爲，這主要由於人心浮動不安、價値觀混淆不清，大家盲目地追求財富、追求成功、追求名望、追求權勢、追求放縱的快樂，使得自己和環境產生了矛盾衝突，內心也失去了平衡。

因此，聖嚴法師根據《維摩經》「唯其心淨，則國土淨」的觀念，提出了「心靈環保」的理念，並陸續提出了「心五四」、「心六倫」等實踐方法，希望爲廣大人類提供一個具體可行的清淨指南。法師強調：「人的心境，往往會因爲受到環境的誘惑、刺激而產生情緒的波動，輕者覺得困擾，重者喪失自主的能力。如果有了心靈環保的措施，遇到狀況發生時，便可淺則保持平靜、穩定，深則自主、自在。」

聖嚴法師提出「心靈環保」一詞迄今已二十年，從一個概念，漸次推展為具體的行動指標。本書精選聖嚴法師歷年來，在不同時空，針對不同對象所開示的「心靈環保」。由於時空、對象、場域不同，所以，呈現心靈環保多元的內涵、觀念與方法。讓讀者在閱讀的同時，不僅能對心靈環保有更深刻的掌握，也能成為具體實踐的標的，甚而融入生活，找到落實的途徑。

什麼是心靈環保？

本書分四大篇章：什麼是心靈環保、禪修的心靈環保、生活的心靈環保與世界的心靈環保。第一個篇章，彙編出心靈環保理念提倡的初衷、精要、歷史文化的傳承，到未來世界的展望，從中可以看到心靈環保的整體脈絡，也找出自己與心靈環保的內在連結。對於許多熟悉心靈環保，卻不知其所從來的讀者而言，可以了解聖嚴法師如何萃取佛法的精華、傳統的智慧，如何以慈悲的胸懷觀照世間，從而為當代人引領出一條清朗的道路。

禪修的心靈環保

心靈環保的精髓是禪法，聖嚴法師由淺入深探索禪的深邃要義，又從甚深法義中，找到心法在現實人間的入手處。禪修的觀念提點著生命的大方向；禪修的方法，則讓我們學習放鬆身心、體驗身心、統一身心與放下身心，並將此歷程與自我的肯定、認知、反省、成長、完成及消融對照整理。

而在《金剛經》、《維摩經》與心靈環保的篇章中，聖嚴法師以層次分明的闡釋，讓我們從自我出發，淨化自己的心靈環境，進而將此世間化現爲人間淨土。這也是環保的核心要義，唯有內修外化，才能在己身置放於人間之際，找到眞正的平安與幸福。

生活的心靈環保

生命之中，總不免遭逢危機、困境，也會出現無奈、無助、焦慮等負面情緒，乃至種種身心躁動的煩惱，這時「生活的心靈環保」章節中的關鍵鑰匙，便是用以調伏、修整、鍛鍊的要訣，不但可轉化心念，也能成爲自利利他的法寶。聖嚴法師透過短短的偈語，提供日用中隨處可自我提醒、觀照的觀念，也指出福田在哪裡，讓我們得以發願耕耘。經由諸多法語，在困境現前時，學會心與境的重新對待方式，一旦體會心不隨境轉的微妙心法，這些旅途中的點滴困厄或苦惱，也都將成爲心靈提昇的資糧。

世界的心靈環保

除了上述從微觀的角度修補問題，聖嚴法師也提出一個廣大的視野，從宏觀、超越的視角，開闊、提昇心量，讓我們從自身出發，普化、淨化到全世界，讓慈悲與智慧的力量，帶著我們超越小我的局限，拉緊自我與世界相連的緊密關係，這就是「世界的心靈環保」單元所呈現的要義。

在此，可以看到聖嚴法師如何以宗教領袖的身分，將心靈環保推向全世界。二〇〇〇年在聯合國召開的「千禧年世界宗教暨精神領袖和平高峰會」中，法師向世人揭櫫了「心靈環保」的觀念，獲得與會大眾的回響，使得「心靈環保」成爲超越種族、宗教、國界，人人都能接受的共通語言。

心靈環保——聖嚴法師送給世人最珍貴的禮物

心靈環保，是聖嚴法師送給世人的珍貴禮物，是最眞摯的祝福，也是可長可久的分享。聖嚴法師曾說，心靈環保的目標是透過自我內在的淨化，達到世間的淨化，也就是讓人人過得平安、幸福、健康、快樂。

本書的彙編即是基於這樣的用心，一方面期待大眾透過共同的努力，持續聖嚴法師提出的願心，讓這個理念繼續成爲淨化世間的良藥，並將此書視爲生命的源頭活水，時時滋養現代人的生命。一方面提供所有有心探索法師思想的學者，透過相關資料，理解、整理聖嚴法師思想中最重要的環節，亦即如何將甚深法義，對應此時代人心的需求，將佛法的義理推展於人間。

聖嚴法師說，他送給世人的禮物是佛法，而心靈環保正是法師行腳弘化人間八十載，送給世人的珍貴禮物。邀請所有拿到這份禮物的大眾，一起來按圖索驥，找出通往生命淨土的道路，在拆開這份美麗的禮物之後，更能實際應用在每一個需要觀照、檢視、省思與調伏的心念上，充分地將書中的指南，轉化爲提昇自他生命質地的好幫手。

法鼓文化編輯部

目次

第二篇 禪修的心靈環保

第三篇　生活的心靈環保

第四篇 世界的心靈環保

第一篇

什麼是心靈環保？

在未來十年或十五年的臺灣

我對於未來的社會，不敢做預測，但是抱有願景；不會存奢望，但是會努力。我們對於未來的環境，不應該悲觀，也不必焦慮，不應該陶醉，也不能大意。一切要看我們全體大眾的價值觀和認知度來做決定。如果缺乏同舟共濟的互助精神，也沒有無常變化的危機意識，不論有多美的構想、做多大的努力，所得的結果，都將是災難連連。

不過，我對於未來，永遠不會失望，也永遠不會滿足，菩薩的心胸，是「虛空有盡，我願無窮」。記得我在二十年前提出「建設人間淨土」這個理念的時候，很多人笑我不切實際，因爲人間永遠是萬丈的紅塵，怎麼可能建立起一個淨土；但在今天，「人間淨土」的觀念，已經不僅是一個抽象的名詞，而是許多有識之士努力奉獻的方向了。因我根據佛經所說，只要人類的內心清淨，所見的世界便是佛國，只要人類的內心平安，生活的環境也能平安。只要人的心靈在一念之間清淨平安，就會影響到周遭人物環境的清淨平安。

因此，我在十多年前，提出了「心靈環保」的主張，許多人努力於人與人爭、人與天爭、改革社會、征服自然，卻忽略了向內心的價值觀及認知面來修正改善，也忽略了欲望的節制和情緒的化解。所以，到了前年，「心靈改革」的運動，已由政府結合民間的力量來共同推動了。如果我們能夠多為他人的立場來設想，多給社會的需要做奉獻，那就能夠從人心的淨化而促進社會的淨化了。

一項運動、一個理念，如果能讓許多人都覺得是需要之時，它就會成為事實。我雖不敢預測十年至十五年後的臺灣，會變得多麼美麗，但我能夠確信，再經十至十五年的努力，人間淨土及心靈環保，必將為臺灣社會帶來更多的光明、更大的願景、更安定的人心。

我是一個平凡的僧侶，從來只有一個大方向，沒有一定的事業心。我的生涯規畫，只知道盡心盡力，做一日和尚撞一日鐘。只要因緣需要我做的，環境也許可我做的，我便全心投入，全力奉獻，不考慮個人的毀譽得失。因爲我是出家人，已沒有權利爲個人保留什麼了。

我已即將進入古稀之年，十至十五年之後，如果還能健在人間，我將無怨無悔地繼續推廣人間淨土及心靈環保的運動。比較具體的說，我們的團體，正在臺灣推行著四安及四環運動。四安是安心、安身、安家、安業，四環是心靈環保、禮儀環保、生活環保、自然環保。目前尚在起步階段，希望喚起我們的社會大眾，響應攜手，共同努力，把臺灣寶島變得更加美麗；不僅在物質的環境方面，同時在精神生活層面，也能成爲美化世界、淨化世界的中心。

（選自《法鼓山的方向》）

現代人的心靈環保

以健康、快樂、平安的身心，照顧自己、照顧社會、照顧大自然，使得我、你、他人，都能健康、快樂、平安地生活在同一個環境之中，便是現代人的心靈環保。

環境保護，這個名詞，雖然在二十世紀之末，就已經傳遍全世界，特別是科技文明發達的先進國家，凡是有識之士，都已發現，由於經濟資源的過度開發，造成了人類生存環境的快速惡化，包括自然資源的快速消耗及污染，生態資源的快速減少及消失，例如：由於熱帶雨林遭到大面積的開墾，以及各種機械排出的廢氣，加上各種生產事業造成的許多污染源，以致形成了全球性的空氣污染、水資源污染、土壤污染，也使得南北極的冰帽在急速溶化，海平面的水位快速升高，綠地沙漠化的面積愈來愈大，人類賴以生存的地球環境，愈來愈接近毀滅性的危機。所以要提倡環境保護運動。

但是，由於人類的自私自利之心，根深柢固，明明知道，破壞環境、製造污染是自害害人的事，一旦遇到跟自己的現實利益衝突之際，或者有機會可以滿足自己的私欲之時，便會容易忘掉公益，便會不顧後果的遠憂，便會只管得到手就好，充其量只問有沒有犯法，會不會被罰，卻不容易考慮到破壞了生態、污染了環境，對其他的人有什麼不好，對自己生存的大環境有什麼壞影響，對後代的子孫有什麼危機。因此，我常提醒世人：今天生活在地球村中的全人類，就像是生活在同一個錦魚缸中的許多條錦魚，只要有一條魚拉了屎，污染了缸中的水，受污染的是每一條魚，包括拉屎的那一條魚在內。

由於人的自私心，原是生物求生存的本能，可是人類以科技文明破壞自然環境的速度太快，惡化的幅度太大，也為地球環境帶來空前的大隱憂，雖然那種隱憂的結果，也是自然規律的制衡，卻是嚴重地威脅到人類生存空間的大災難。

因此，我們要提倡心靈環保，呼籲全人類，都能以心靈環保的原則，建立健康正確的人生觀，也就是自利利人的價值觀，要讓自己、讓他人，都能得到健康、快樂、平安的身心。好像一同乘坐在地球環境的一條大船上，所謂同舟共濟，各自以其不同的身分、不同的智能、不同的場域、不同的角度，來照顧自己、照顧他人、照顧社會環境及自然環境。

（選自《學術論考II》，原篇名〈從東亞思想談現代人的心靈環保〉）

佛教與心靈環保

《增一阿含經》說：「諸佛皆出人間，終不在天上成佛。」可知佛教的基本立場，便是爲人類服務的。佛教雖常說一切眾生皆有佛性，但能夠修道悟道的，卻只限於人類。釋迦牟尼佛是以人間的肉身成道，表示凡有人身的，均有機會轉凡成聖。佛在成道之後，最初用來度脫五位比丘的法門，稱爲「四聖諦」，那便是指出人類由於不悟一切現象都是變化無常的，所以生在眾苦之中竟然不以爲苦，而且爲了追求無常虛幻的五欲享受，並且希望保障能有繼續不斷的五欲之樂而造種種惡業，這便是「苦諦」及「苦集諦」。佛陀所悟的便是這個無常即空的事實，轉告五比丘應當以修戒、定、慧的三無漏學、八正道來滅除苦諦及苦集諦，便是「道諦」及「苦滅諦」。

佛法將人的身心，及其所處的時空環境，稱爲「果報體」，又分成二部分，人的身心是「正報」，所處的時空環境是「依報」，此正依二報，便是人生及宇宙的全部，而此果報的動力中心，乃是業所形成的心識，稱爲業識。由業識而形成具體的人，便是色、受、想、行、識的五蘊，其中色蘊是物質的眼、耳、鼻、舌、身的五根，此五根所接觸的是色、聲、香、味、觸的五塵；至於受、想、行、識的四蘊，是非物質的心理現象及精神現象。受苦報、受樂報的是此五蘊身心，造惡業、造善業的也是此五蘊身心，因此五蘊所成的身心，是因造業而感得的果報，每一個人的五蘊身心所處的時空環境，也是由於造業而感得的果報，此即是說，每一個人的身命是業報體，每一個生命所處的時空環境，不論好或不好，也都是每一個生命各別擁有的業報體，此乃是一人一宇宙的生命觀及宇宙觀。

不過，若從佛的智慧來看，不論是個別的身心，或者是全體的宇宙，都不離無常的自然法則，任何一物都是無常的暫有，不是長久的恆有，故無不變的自性，故名爲自性是空；五蘊所成的身心及其所處的時空環境，自性亦空。五蘊既空，凡夫所以爲的我及我所有的一切，當然也是自性即空。自性空，即是不生不滅、不增不減、不垢不淨的眞諦。若能悟得此一切現象自性皆空的眞諦，便證無我的涅槃，便從苦集二諦獲得解脫。所以《心經》開頭便說：「行深般若波羅蜜多時，照見五蘊皆空，度一切苦厄。」這是佛學的基本常識，也是以心爲中心，而又抽離了一切不離一切的環保思想。

若從佛學的角度來談心靈環保，便是基於離卻貪、瞋、疑、慢等的煩惱心，而開發智慧心及增長慈悲心的立場，來面對我們所處的環境。有了智慧心，便能使自己的身心，經常處於健康、快樂、平安的狀態；有了慈悲心，便能使他人也獲得健康、快樂、平安的身心。至於如何轉煩惱而成悲智？便是勘破五蘊構成的身心，是空不是我，此有兩個結果：一是不再造作自害害人的惡業；二是當下不受苦報，縱然處身於火宅之中，猶如沐浴於清涼池內。但是尚有無數的眾生不明此理，尚被困在貪、瞋、疑、慢等的煩惱火窟之中，所以要用此五蘊身心做爲工具，救世救人，稱爲菩薩行者。

當然，東亞思想中的中國大乘佛教，號稱有八大宗，那就是三論、唯識、天台、華嚴、淨土、禪宗、密宗、律宗，每一宗都有本體論、人生論、實踐論的教法，在此無暇逐一介紹。因爲各宗所依據的經論不同，所持的觀點，也有出入，甚至同樣是依據眾生的如來藏心，天台宗主張一念心性具足三千（百界千如三世間），華嚴宗主張理體清淨不變（隨緣不變，不變隨緣）。同樣是天台宗派下的學者，有的持妄心觀，有的持眞心觀。同樣是禪宗的第五祖門下，北方的神秀主張漸悟，南方的惠能主張頓悟。禪宗的四祖主張「守一不移」，五祖主張「看心」和「守心」，六祖主張「不著心」、「不著淨」、「亦不是不動」，他們三代之間，各有主張。同樣是修念佛法門，禪宗主張「念佛心是佛」，淨土宗主張專念西方極樂世界的阿彌陀佛。同爲馬祖道一這個禪師，先說即心即佛，後說非心非佛。以類似的例子看來，似乎複雜矛盾，他們的功能也都是爲了自利利人。此乃出於因時制宜、因地制宜、因人的狀況制宜的方便；因有不同的時空及不同的人、不同的狀況，就可採用多元化的、多層面的教法來應對，只要能夠令人的身心健康、快樂、平安就好。

若從禪宗頓悟成佛的立場而言，乃是直指人心的，凡是用文字傳流的佛經祖語，不過是修證方向的指示牌，它們本身不代表方向所指的目的物，甚至有禪宗祖師把佛經祖語，比喻成葛藤絡索，這是說，如果死執文字的經教，反叫人受困擾。但是，沒有佛經祖語，還是不行，所以禪宗的《六祖壇經》，教人依據《淨名經》（即《維摩經》意譯）的「直心是道場，直心是淨土」的開示，修行者應當「於一切處，行、住、坐、臥，常行一直心」，便是「一行三昧」。六祖又依據《金剛般若經》所說的「應無所住，而生其心」，主張「心不住法，道即流通；心若住法，名爲自縛」。應無所住是不將一切現象跟自我中心的利害得失連繫起來，而生其心是以無我的智慧心來應對處理一切的狀況，所以，心不住法（現象），佛道的智慧便在你的心中產生功用，心若住法（現象），自己便被此法所束縛而智慧的功能就不現前了。

因此，在六祖以後的禪宗祖師們，主張「道在平常日用中」，主張喫飯飲茶都是解脫道及菩薩道，擔水打柴也是解脫道和菩薩道，日出而作日沒而息，都是修行，甚至百丈要求自己「一日不作，一日不食」，因為若用無住的直心生活，便可時時都是身心健康、快樂、平安的時間，處處都是身心健康、快樂、平安的空間，所遇的人、所見的物、所做的事，也就無一不是好人、好物、好事了。所以，雲門文偃禪師也說「日日是好日」了。

（選自《學術論考II》，原篇名〈從東亞思想談現代人的心靈環保〉）

環保心語

有了智慧心，便能使自己的身心，經常處於健康、快樂、平安的狀態；有了慈悲心，便能使他人也獲得健康、快樂、平安的身心。

法鼓山提倡的心靈環保

由於有許多現代人對於物欲的刺激與誘惑，不知設置心的防線，沒有布好心的保護網，所以，很容易自我失控，不容易抗拒，以致絕多數的社會大眾，每天每天都在為了盲目追求物欲的享受和名利的擁有，以及追求莫名其妙的什麼保障感，而忙碌、緊張、恐慌、爾虞我詐，失去了自己的尊嚴，混淆了人生的價值觀，傷害了他人的權益，危害了社會的安寧、和諧、平衡以及共同的安全保障，大家活得不健康、不快樂、沒有安全感。因此有很多人都在埋怨著問：「我們的社會人心，究竟是得了什麼病了？」答案應該是心靈被污染了，人之所以為人的精神，被現代快速度的文明所形成的生存環境污染了。因此，積極倡導「心靈環保」，目的是在呼籲社會大眾，建立正確的人生價值觀，過健康、快樂、平安的生活；人心淨化了，社會才能淨化。現代文明不是罪惡，只要人的心靈不被污染，我們的世界便有明日的希望。以健康正確的心態，來迎合現代文明的科技生產，才能造福人類，否則，物質的享受豐富而精神的心靈空虛，就是物質富裕而心靈貧窮，對於人類社會的今天和明天，都是害多於利，甚至帶來大災難。

我自己是佛教徒，相信以中國大乘禪宗的思想，來淨化人心是直截了當的，尤其服膺永明延壽禪師的說法，不論是誰，只要當下的一念心與佛的悲智願行相應，你的當下這一念心便是佛心，許多念的心與佛的悲智願行相應，你的許多念心便是佛心，若能夠每一念心都與佛的悲智願行相應，你便證得福智兩足的圓滿佛果了。

從佛經中看，佛果位是很難圓滿的，若從禪宗的立場看，只要你能有一念心不被煩惱刺激誘惑，那一念心的當下，便跟諸佛無二無別；若以無常、空、無我的人生觀和宇宙觀，做爲觀察環境審視心境的標準，當下便得解脫。只要願意留心，便見心念的生住異滅，是無常；肉體生命的生老病死，是無常；自然現象的風雲雷雨，是無常；時間的古往今來，是無常；空間的滄海桑田，是無常；乃至花開花謝、月圓月缺、榮華富貴與潦倒落魄等，都是無聲而說的無常法。

觀察無常、體驗無常，若能同時運用《金剛經》的「應無所住而生其心」，便是積極的心靈環保，認知一切現象是無常，包括自然現象、社會現象、生理現象、心理現象，都是無常。因爲一切都是無常，一切便可以改變，遇到霉運惡運，不必哀怨得失望，如能以智慧來因應，加上時空因素的轉移，惡運就會離開你；遇到好運鴻運，也不必自滿得發狂，若能以智慧心及慈悲心來善於運用，還會有更上一層樓的好運等著你，如你不知珍惜、保養、培植，自然律則的成敗得失，往往只繫於一念之差。

若能以無住的智慧心，生起利益社會大眾的慈悲心，來面對無常的一切現象，觀察、體驗、運用無常的一切現象，便是修得解脫道及菩薩道。無怪乎當六祖惠能禪師聽到《金剛經》的這句話時，便立即頓悟了，也無怪乎悟後的禪師們會看到，在日常生活中的任何一事一物、任何一草一木、任何一色一香、任何一人的舉手投足一言一行，對於自己，不論是順境或是逆境，無非都是諸佛的無聲說法，是說的無常法。無常即無自性空，空性是不生亦不滅的，因此，凡事凡物，時時處處，都是在說無生無滅、悲智具足的實相法。一切現象既然都是諸佛的無聲說法，便不會見到跟自己有矛盾的事，也沒有得失利害的事，但有尊重生命、珍惜資源，爲眾生的利益、爲眾生的苦難，而生起慈悲救濟的事。這是心靈環保的最高境界。

照這般說來，心靈環保的工作者和實踐者，是不是一定要來學佛修禪才行嗎？答案是很明顯的，能夠學佛修禪，當然極好，我們卻不可能要等到全人類都來學佛修禪之時，才開始推動全球性的心靈環保。跟現代人所談的心靈環保，必須是在多元化的原則下，朝向人類共同面臨的環境問題。其實，凡是有心要爲人類社會提供智慧，促使全人類的身心獲得健康、快樂、平安的觀點及方法，而能營造一個健康、快樂、平安環境的，都可算是心靈環保。

因此，我在國內外，推動的心靈環保，分成兩個層面：

一是學佛禪修的層面：是以有意願、有興趣於學佛禪修的人士爲對象，用學佛禪修的觀念及方法，使得參與者，從認識自我、肯定自我、成長自我，而讓他們體驗到有個人的自我、家屬的自我、財物的自我、事業工作的自我、群體社會的自我，乃至整體宇宙時空的自我，最後是把層層的自我，逐一放下，至最高的境界時，要把宇宙全體的大我，也要放下，那便是禪宗所說的悟境現前。但那對多數人而言，必須先從放鬆身心著手、接著統一身心、身心與環境統一，而至「無住」、「無相」、「無念」的放下身心與環境之時，才能名為開悟。

二是「四種環保」及「心五四運動」：是以尚沒有意願學佛以及無暇禪修的一般大眾為對象，盡量不用佛學名詞，並且淡化宗教色彩，只為投合現代人的身心和環境需要，提出了以心靈環保為主軸的「四種環保」及「心五四運動」。

所謂「四種環保」，是指心靈環保、禮儀環保、生活環保、自然環保。

所謂「心五四運動」，是指跟心靈環保相關的五個類別，各有四點的實踐項目，那就是：

四安──安心、安身、安家、安業。

四要──需要、想要、能要、該要。

四它──面對它、接受它、處理它、放下它。

四感──感恩、感謝、感化、感動。

四福──知福、惜福、培福、種福。

以上兩種層面的心靈環保，已在東西方社會引起相當令人興奮的回響。除了我已在東西兩半球，舉行了三百次以上的禪期修行之外，我也在二〇〇〇年於紐約聯合國總部召開的「世界宗教暨精神領袖和平高峰會」（UN Millennium World Peace Summit of Religious and Spiritual Leaders）中，提出了「心靈環保」這個理念，二〇〇一年我又在「世界經濟論壇」（WEF）中另一次提出，到了二〇〇二年，我向「地球憲章」（Earth Charter）提出心靈環保的急切性，也被該組織明確地接受。我在參加每一個國際性會議中，都會提出這個議題來，與大家分享，也都獲得許多正面的回應。

由上述所知，心靈環保是應該不分古今的、不分地域的、不分宗教的、不分族群的、不分生活背景的。只要有心有願的人，都需要做，都應該做。

因此我眞希望今天在北京大學發表了這篇講詞之後，能夠喚起全世界的有心有願挽救人心、挽救地球環境的人士，都能投入心靈環保的工作，它的內容是極其寬廣的，是可大可小、可深可淺的。似乎也可考慮到許多不同領域，例如某某宗教與現代人的心靈環保，某某主義與現代人的心靈環保，某某哲學思想與現代人的心靈環保，某某科技文明與現代人的心靈環保，某某經濟體系、某某政治體制與現代人的心靈環保，某某生產事業及建設計畫與現代人的心靈環保、某某地區開發或重點拓展與現代人的心靈環保等，凡是跟我們食衣住行、教育、娛樂等相關的一切設施，最好能與現代人的心靈環保相結合，那才能夠把許多的差異性利益，匯歸於全地球、全人類永續的共同性利益。

（選自《學術論考II》，原篇名〈從東亞思想談現代人的心靈環保〉）

悲智雙運心靈環保

一、心靈環保

心靈環保這個名詞，雖然是我新創的，它的內容，其實就是以觀念的導正，來提昇人的素質，除了能夠不受環境的影響而產生內心的衝擊之外，尚能以健康的心態，面對現實，處理問題。因爲人的心境，往往會受環境中的人、事、物的誘惑及刺激而隨著波動起伏，輕者受到干擾，重者喪失自主。如果有了心靈的防禦措施，處身在任何狀況之中，都可以保持平靜、穩定、自主、自在的心境了。

做爲一個人，都應該具備三個層面的修養，那就是身體的、心理的、精神的。通常稱之爲身、心、靈的健康。可惜的是一般人僅能注意到自己的身體是否健康無病，往往疏忽了心理是否平衡自在，連帶著也忘記了精神層面的修養。因此，若處於平順的境遇中時，當然能夠揮灑自如，不會覺得有什麼不能克服的難題，如果遇到連番的逆境現前之際，就難免要唉聲嘆氣了。心靈環保的功能，便在於使我們養成一種得勝不驕傲、失意不喪志的習慣。可是對於一般人而言，勝而不驕者已難、敗而不餒者更難。有了心靈環保的工夫，便是有了精神修養的基礎，因爲世界上並沒有絕對和永遠的勝利者與失敗者，只要因緣改變，狀況立即改觀。一時的成功並不等於永遠有保障，一時的失敗也不等於永遠的絕望。因此，大家都知道說「以平等心看待」，便屬於心靈環保的層面。

諸位一定知道，佛教是主張有因果觀念的，通常的說法是「種瓜得瓜，種豆得豆」。實際上光是如此說，是有問題的，因爲不種瓜當然不得瓜，不種豆當然不得豆，可是，如果種瓜種豆而不得其法、不得其時，又不得其適宜的土壤、水分、陽光、肥料等，那麼，種瓜種豆就不一定得瓜得豆了。所以在佛法之中，除了因果定律，必須配上因緣定律。也就是說，凡事凡物一切現象的形成，從因到果的過程之中，尚有待以各種自然及人爲因素的促成；其中主要的條件，稱爲「因」，配合的條件，稱爲「緣」。從最初的因，到最後的果，只是有其可能性，並沒有一定的必然性。以此可見，因果觀必須配合因緣論，才是正確的現象論。

正因爲從因到果，並沒有一定的必然性，個人的因素固然極重要，外在的因素能否如個人所期待的那樣配合，也極重要；個人的自主因素，有時候也可能出現意外，外在因素的不確定性，則更難以掌控了。因此，我們對於自己的命運，只能希望最好，卻無法保證最好；只能朝向最好去做努力，卻也不得不做最壞的預防。否則，過分的樂觀，過分的悲觀，都是跟因緣論的原則背道而馳，都不是成熟健康的心態。

二、觀念及方法

心靈環保，就是在於心理的平衡及人格的穩定，除了觀念的導正，尚須有方法的練習，否則，在平時的心理雖很健康，一旦遇到難以抗拒的刺激和誘惑等各種陷阱，自己就會不自覺地跳了進去；或者遇到重大的阻力、打擊、挫折和委曲，也會不能自主地陷入無底的悲苦，而失去重新站起來的自信心。曾經見到有一些朋友，他們不僅讀了不少心理學的書及人格修養的書，甚至有的本身就是心理治療師或者也出版過類似勸世格言的書，但當麻煩臨頭、情感糾纏之際，仍不免陷入所謂「天人交戰」的悲苦之中。

至於如何練習成心理的平衡及人格的穩定？首先是從觀念的調整做起，它的步驟可有四種：（一）凡事應做正面的認知，便可避免負面的危機和悲觀的情緒；人生的旅途，總是有起有落的，但那都是前進的過程。（二）凡事宜做逆向思考，便可做到勝而不驕傲，敗而不氣餒；成功而升至巔峰之際，要有走向下坡的心理準備，失敗而降至谷底之時，宜有攀登下一個極峰的願景在望。（三）凡事應知進退有度，能收能放而收放自如，古人說：「達則兼善天下，窮則獨善其身。」也就是說能有機會舒展抱負，奉獻天下，應該當仁不讓，竭盡全力，積極進取，萬一時運不濟，屢戰屢敗，那就養精蓄銳，以圖未來。（四）不論成敗，宜將自我的私利和私欲看空，要將對於國家、民族、乃至全人類的安危禍福的責任，一肩擔起，這便是一個有智慧和慈悲的人了。

不過，光有觀念的調整，尚不能保證真的可以做到心理的平衡及人格的穩定，必須輔以方法的練習，才能奏效。我們所用的方法，便是禪修，基本的原則是由放鬆身心、體驗身心、統一身心到放下身心的四階段。放鬆身心與體驗身心，是屬於自我肯定及自我認知的範圍；體驗身心與統一身心是屬於自我反省及自我成長的範圍；統一身心與放下身心，是屬於自我完成及自我消融的範圍。

放鬆身心是隨時隨地，將腦部神經及全身肌肉，保持在輕鬆的狀態；初初練習之時，則最好須有一個比較不受打擾的空間和暫時擺下萬緣的時段，僅僅五分鐘和十分鐘也好，盤腿坐最好，坐在椅子上也可以，主要是把眼睛合攏，眼球不要用力，不用頭腦思考，保持清醒狀態，面部略帶微笑，全身的神經、肌肉、關節，都不用力，小腹不用力，身體的重量感是在臀部和椅子（墊子）之間，然後體驗呼吸從鼻孔出入的感覺，以享受生命的心態，來享受活在當下的自我；這時候，你能踏實地體會到，當下的呼吸，便是全部的生命，享受每一口新鮮的呼吸是最眞實最親切的自我之外，其它的東西，不論是得失毀譽，無一不是夢、幻、泡、影，過去的已煙消雲散，未來的尚不可捉摸。

在認知當下的同時，就可發現自我的信心是極其脆弱的，對於自我的認知，是極其有限的，乃至對於自我的駕馭，也是有所不足的；所謂心高氣盛、自我膨脹、自我掩飾、或者自哀自怨、自甘墮落、情緒起伏、心猿意馬、心浮氣躁、身不由己等的毛病，都可在此放鬆身心及體驗身心的練習中，察覺出來，並且逐步改進過來。知道自我的優點與缺點愈深刻，自我肯定的自信心的建立也愈穩固。

再由體驗身心而至身心統一，是對自我的身體健康及心理健康的切實照顧。體驗呼吸，可以使得心情平靜、安寧、澄淨，可以不受當前的狀況所困擾與刺激；體驗身體的感覺，體驗心理的反應，可以發現要想自主地指揮自己的身心，要比號令千軍萬馬還難上百倍，以致拿破崙在失敗之後被囚於一個小島上時，慨嘆他能支配全世界，竟不能指揮他自己的心。若能由放鬆身心、體驗心境，便能逐步逐步地忘卻身心的負擔，那就是由身心的對立而成爲身心的統一了。

當你自知不能輕易地掌控自我的身心之時，便能包容他人的缺點、尊重他人的優點，也不致誇張自己的優點，更用不到爲自己的缺點做掩飾及辯護了；你便可成爲一個謙虛、誠懇、努力改過、全心上進的人了。所以體驗自我的身心，便能使自己有自知之明；體驗到身心的統一，便能使自己感受到個人的自我不能離開大環境而獨立存在；個人是有限的，大環境的時間與空間，才是無限的。若將自我體驗，融入於全體的大環境之中，便也成了無限的存在；這便是哲學家及宗教家的心胸了。

再由身心的統一更進一步，放下身心，便是中國禪宗所講的「絕觀」，也是《金剛經》所說的「無相」。絕觀是超越於主觀、也超越於客觀的一種不預設立場的智慧，一般人的常識所知，主觀的判斷當然不足爲準，其實人間所謂客觀的角度，同樣也是出於某一族群在某一時段中的主觀考量，因此，任何一種風俗、習慣、法律、學說、信仰，總是會隨著時代及環境的變遷而跟著演變，往往是古人的生活習慣，或某些特定族群的民情風俗，到了今天多元化及開放性的二十一世紀，就無法接受大環境的考驗了。例如阿富汗的神學士政權，他們敵視異己者，要征服非伊斯蘭教信徒，乃至在他們國內全面摧毀了已擁有將近二千年歷史的石雕佛像，的確有其信仰的依據，不是出於他們捏造的理由，照他們的想法，那也絕對不是少數人士的主觀意志。可是合乎伊斯蘭教信徒基本教義的價值觀，並不代表那就是全人類的價值觀。

至於禪宗所說的絕觀，便是無我無相的智慧功能，是能適應一切狀況的，是可因人而異、因事而異、因時空環境而異的彈性措施，只要對當前的眾生有益，又對其他的眾生無害，不論有沒有例子可循，均可揮灑自如地放手去做。因為「法無定相」，便是「實相」的眞理。不過，「無相」並不僅是消極的否定，所以《金剛經》又說：「應無所住而生其心。」「應無所住」是不受固定的形相所拘限，「而生其心」是恰如其分與恰到好處地，處理因應一切的事情。這種「無住生心」的工夫，便是智慧與慈悲的作用：「無住」是不被煩惱所動的智慧心，便是無我的態度；「生心」是隨機攝化的慈悲心，便是平等的態度。

到了這個層次之時，不僅要放下私利私欲的自我身心，連對於和宇宙同體的無限的大我，也要放下，否則，小我與大我的經驗，仍是相對的，仍是有相、有住、有我的。禪宗的無相與絕觀，是超越有相及無相、超越於時間相及空間相，也超越於自我相及非我相的。只有互為表裡的兩項任務，那便是以智慧心斷除煩惱，以慈悲心利益眾生。

三、慈悲與智慧

談起慈悲和智慧，便很容易使人聯想到感性和理性的兩個名詞，其實，感性並不等於慈悲，理性也不等於智慧，因為重感性的人，很可能會多愁善感，或者落於激情的奔放、或者流於情感的糾纏、或者陷入矛盾衝突，那是滿累人的！慈悲是沒有條件的奉獻，不計回饋的付出、怨親平等的照顧，那是很自在的。至於重理性的人，往往會得理不饒人，所謂理直氣壯、盛氣凌人，那就既不慈悲也沒有智慧了。得理讓三分，理直氣要柔；明虧不妨吃一些，暗箭必須要嚴防；爲了全體的利益，不妨放棄個人的利益；爲了長遠的大利益，不妨放捨眼前的小利益。這才算是以智慧處理事情的態度，有了眞智慧的人，必定也是眞有慈悲的人。

以此可知，慈悲和智慧，不等於感性與理性，慈悲是感性與理性的調和，智慧是理性與感性的調和，它是感性與理性的互動，不是感性與理性的衝突。若以前面所說的四個階段做判斷，在放鬆身心、體驗身心、統一身心的修行過程中，是在練習運用慈悲與智慧的觀念及方法，到了放下身心的層次，才算是經驗到了由自心之中開發出來的寶藏，得心應手，自自然然，對己對人，無非是慈悲和智慧的並重並行了。

我於前年出席聯合國世界宗教暨精神領袖和平高峰會，以及今年出席世界經濟論壇年會中，我都提出了心靈環保的重要性，以及心靈貧窮的嚴重性，它的內容，就是慈悲與智慧。今天也以此向諸位女士先生，作了如上的報告，敬請指教。

（選自《致詞》，原篇名〈心靈環保——慈悲沒有敵人，智慧不起煩惱〉）

環保心語

有了心靈環保的工夫，便是有了精神修養的基礎，因為世界上並沒有絕對和永遠的勝利者與失敗者，只要因緣改變，狀況立即改觀。一時的成功並不等於永遠有保障，一時的失敗也不等於永遠的絕望。

認識心靈環保

一、環保觀念必須突破

㈠檢討現代文明的環保觀念：

1.是在保護自然資源的永續使用：但是除了太陽能和雷電等，沒有幾樣自然資源是可被永續開發和永續使用的，這包括空氣、水、土地、地下的礦藏等。

2.是在保護自然生態的永久平衡：但是自然生態必須依靠自然資源，自然資源的流失，必定會給自然生態帶來災難。所以光是倡導自然資源和自然生態的環保觀念，乃是不夠積極的。

3.是在以科技的開發來保護地球環境：現代的科技文明，的確爲人類的生活條件，增加了許多的便利，豐富了物質的享受，也架起了全人類相互交往、互通有無的橋梁。但是科技的開發，是否也消耗了自然資源、破壞了自然生態？值得研討。是否也爲地球環境製造了污染、增加了垃圾？又是一個值得討論的課題。至於做爲二十一世紀的現代人，比起五百年前的古人，是否生活得更快樂，並且有了更多免於恐懼和苦難的自由呢？也是另一個問題。

(二) 如何突破既有的環保觀念？

1.是以珍惜自然資源取代不必要的浪費和污染：這應當從日常生活中，盡量節儉、盡量簡樸做起，不論用水、用電、用土壤、用各種礦資源及其相關的製品，能夠不用的盡量不用，非用不可時則盡量少用，在使用之時，則要知道，是在消耗愈用愈少的自然資源，好像是在侵蝕人類共同的身體。

2.是以尊敬自然界的各種生命取代控制性的生態保護：這應當從改革人類的飲食觀念和生活態度做起，不要以爲一切的動物和植物，都是供給人類吃喝及使用的，非不得已，絕不輕易傷害任何一個生命，也絕不輕易破壞任何一類生命的生存環境，一切生命都應當被看作是人類的兄弟姊妹，都像是人類的骨肉同胞。否則的話，每天都有數量可觀的物種，從地球上消失，絕對會給人類帶來生存的危機。

3.是以珍惜自然資源、尊敬自然生命的立場來發展科技生產：這應當從著眼於全人類的普遍幸福及永恆利益做起。發展科技，不可以短線操作，不可以僅僅為了商業的利益，不可以為地球世界帶來無法挽救的後遺症。必須考慮並預先做好處理各種負面影響的準備工作，千萬不要說「留待後續的科學技術，來處理先前所造成的環境惡化問題」。那是不負責任的態度，也是極不道德的想法。任何一項科技的產品，縱然不能不消耗自然資源，至少也不得給自然環境造成污染，也不得多為自然生態帶來無法彌補的傷害。因為凡是由於自然環境受到破壞，自然生態便會失去平衡，全人類的安全也會受到威脅。

類此環保觀念的突破及改革，便與我們法鼓山所提倡的心靈環保是相一致的。因爲心靈環保便是著重在舊觀念的檢討和新觀念的建立。

二、心靈環保與心靈貧窮的關聯性

(一)心靈環保的定義：

1.心靈的層面可有三種：那就是心理的、思想的、精神的三個層面。心理的層面是屬於情意的，思想的層面是屬於理智的，精神的層面是屬於情意和理智的昇華，也就是把我們從自我中心的束縛之中釋放出來，所出現的慈悲和智慧，那是平等而無條件的愛。因此，心靈環保是以情意及思想爲基礎的著力點，使得我們淨化或轉化成爲具有高尚的品德標準，並有無限愛心的偉大人格。

2.心靈的事實表現可有三種：那就是對於自然世界充滿了平等而無私的愛心，對於每一個生命都抱持崇高的敬意，在和任何人相遇相處之時，都能絕對的眞誠與絕對的謙卑。因爲對於自然世界的一切對象，有平等的愛心，便能珍惜自然資源、便能尊重各類的生命，便能願意過節儉和簡樸的生活；因爲對於每一個生命都能抱持崇高的敬意，跟任何人相遇相處之時都是眞誠的、謙卑的，便會以感謝心相看，便會以禮貌的言行舉止相待了。

3.心靈環保的內涵有四種：那就是以保護自然資源及自然生態而言，稱爲自然環保；以生活的節儉、整潔和簡樸而言，稱爲生活環保；以眞誠、謙卑和禮貌與人相處而言，稱爲禮儀環保；以上三種環保的出發點，乃是出於人的情意、觀念（思想）、精神的淨化，稱爲心靈環保。因此我們法鼓山這個團體，是以心靈環保爲主軸，提倡四種環保。

(二) 心靈環保如何落實？

1.從情緒的穩定做起：情緒是心理的重要因素，情緒容易波動和衝動，便是不健康的心理，便會給自己增加煩惱，也會給他人帶來困擾。穩定情緒的方法可有很多，例如欣賞音樂、做運動、旅遊、向朋友傾訴、找心理醫生諮商等。最好的方法應該是宗教的靈修祈禱，或者是學習佛教的禪修。

2.從觀念及思想的疏導做起：健康和優良的觀念及思想，應該是以平等的愛心為起點，是以追求人類共同的倫理價值及永久的安全和平為目標。有了平等無私的愛心，必定會生起尊敬心及感恩心，必定會以真誠心待人接物、會以謙卑心自我約束。基督教說：「愛你的敵人。」佛教說：「一切的生命，皆是現在的菩薩，皆是未來的諸佛。」哪裡還會有對立和衝突的仇恨呢？哪裡還會需要以戰爭流血的手段來解決問題呢？

3.從精神層面的提昇做起：精神，是從心理情緒的穩定及思想的淨化所產生的心靈層次，因為心理層面及思想層面，有健康和不健康的兩種可能，也是可以隨著身心及環境狀況的影響而有起伏改變的。至於精神層面，則是可以通過文字、藝術、哲學、宗教等的欣賞、思辨、修養、實踐，而能體驗到個人的內心世界，與外在的環境世界，是不可分割的，這時便會以平等而無私的愛心，看待一切人和一切物了。如果運用佛教所說「無我、無常、空」的觀念來實踐菩薩道的精神，就能超越個別的小我和整體的大我，而實證大解脫、大自在、大慈悲的境界了。所以，心靈環保的核心價值，是在於淨化及深化每一個人的心靈，來提昇精神的層面。

4.心靈環保可以消弭心靈的貧窮：物質的貧窮，只會使人類的生活陷於困苦，心靈的貧窮，則可能爲地球世界帶來毀滅性的災難。凡是有人不顧他人的安全、不顧全球性的倫理價値，只爲一己之私的利益，或者只爲一個族群的利益之私，而永無休止地追求權勢、追求強大、追求財富，便是屬於心靈貧窮的人；他們可能會破壞自然地球環境，也可能會破壞社會環境秩序，製造人與人的對立、族群與族群的衝突，乃至發動大小毀滅性的戰爭，這都是由於他們的貪欲，永遠無法得到滿足的緣故。如果能以心靈環保的理念和方法，讓大家體驗到個人的物質生命是短暫的而渺小的，全體的精神生命是不受時間和空間限制的，便可以化解由心靈貧窮所帶來的災難和危機了，這就是心靈環保。

（選自《致詞》，原篇名〈認識心靈環保——闡明心靈環保的精義，以及與心靈貧窮的關聯〉）

第二篇

禪修的心靈環保

禪的心靈環保

環保一詞，已是非常流行的現代語，它的意思是：保護我們生活環境的自然生態，使之產生自然的調節。如果破壞了自然生態的自然調節，就會爲自然帶來災難，爲人類的生存造成危機。

一、什麼叫作環保？

人類也是自然生態之一，破壞了自然生態，人類大眾本身就是首當其衝的受害者。佛教主張不殺生，祈求盡量少殺一點。現在許多地方由於飼養雞、鴨，尤其是養豬，對四周的居住環境產生了破壞，水質、河流受到污染。而在南美洲的亞馬遜河流域，美國及日本人在當地砍伐森林，拓展畜牧，將養大的牛隻，運回自己的本土銷售，他們雖然沒有破壞自己國家的環境衛生，卻破壞了地球上自然資源及生態的調節。

保護人類生活環境的衛生就叫作環保，人類生活是在地球，但是人類卻逐漸地將唯一能生存的地球，在化學、塑膠、放射能及機器運用所產生的廢水、廢氣、廢料中遭到破壞。譬如：我們經常使用的紙張、紙盒、紙盤、紙杯、紙巾等，這類東西的過量使用和浪費，不僅使地球失去森林，尤其所製造出來的大量垃圾，使得我們人類在講究自身的衛生之時，卻破壞了環境的衛生。紙盤、紙杯，由於是紙製品，若能處理得好，其中的一部分還可以回收後再製，如果是保麗龍的產品，就更難處理了。

許多人在提高人類生活的品質上，只注重物質生活品質的提昇，往往忽略了精神生活品質的提昇，這更是環境污染的主要原因。從禪的精神來講：生活是以簡樸、整潔爲原則。所以應該通過禪修的生活，來提高人類的精神品質，保護人類的心理健康，影響全人類的心靈，進而改善生活環境，達到全面健康的目的。

最近我去英國主持了一期的禪七，參加的人都是當地的心理學家、心理醫生、醫生及作家。他們都是很聰明的人，也都是替人家看病的人，但是，他們自己的病也很多，參加禪七就是來治病。因爲現代的人類是生活在迅速變化、競爭激烈及到處污染的環境中，使得心理無法健康。

如何達到心理健康的目的？最好是用禪的方法及觀念來疏導、來調整。

二、禪是什麼？

(一)禪是清淨的智慧

一般人有執著、有自我、有自利的聰明，是不清淨的智慧。

(二)禪是無染的心靈

所謂無染，就是沒有分別、執著，沒有帶著情緒及自我中心的心理活動。

神。

㈢禪是「無相」、「無住」、「無念」的精神境界

這三個名詞來自《六祖壇經》，是《六祖壇經》的根本思想或根本精神。

「無相」就是空，是即有即空的空，從有的現象看到空的本質，就叫作無相。如同佛前的供花，就是即有即空。花的形象是有的，因爲無常的關係，故不是永遠存在，因其經常在變遷。無常、變遷就是空，不是不變的存在，而是經常在變，因爲在變，所以有相等於無相。現前有，進入未來即消失；剛才還有，到了現在又沒有了，這就是《心經》所講的「色即是空」。

「無住」就是空，這是講即空即有。無住就不會停止在某一個現象上面，現象既不能停止不變，便無從執著那樣東西是有的。既然不停止，不執著，而停也停不住，執著也執著不起，那已經知道是空。雖然是空，但是變遷的現象不是沒有。既然講無住是沒有辦法停留的意思，而不是沒有這個現象，所以這就是即空即有，也就是《心經》講的「空即是色」。

「無念」就是空，無念是心中沒有我執的念頭，沒有跟煩惱相應的念頭，沒有跟自私心相應的念頭，因此就是空。沒有情緒的波動，沒有自我的執著，因此，自我就是無我。

佛法講無我，就有人問我：「佛有沒有我？羅漢有沒有我？」我回答說：「當然沒有！佛是已經解脫的人，當然沒有我；羅漢也是沒有我，否則不能算得解脫。」因此有人反過來問我：「《金剛經》上的第一句是：『如是我聞。』其中又有一偈子是：『若以色見我，以音聲求我，是人行邪道，不能見如來。』連續講了兩個我。前面的『我』是已證羅漢果位的阿難尊者講的，後面的兩個『我』是佛講的，怎麼說沒有我呢？」我告訴他：「那個『我』就是無我，是假名的我，是爲了說明一個現象必須提出有我有你，否則無法表達說話者的立場、無法表達佛的智慧，所以這個不是『我的情緒』、『我的執著』，而是爲了表示無我的假名我。」

禪是絕對的無，不是跟有相對的無。《心經》中所說五蘊皆空，五蘊是指我們的物質的身體及精神的生命，這兩類加起來，若以智慧觀照，五蘊非我，五蘊皆是無常的現象，所以是五蘊皆空。

既然是空，就沒有我；既然沒有我，《心經》告訴我們解脫的時候叫作智慧，而不要想到具有智慧的我在。既然沒有我這樣東西，那個智慧是誰的呢？因此也不應該說有智慧。而修道者所得到的聖果、佛果，也是沒有的，因爲如果有所得，一定是有我的，所以《心經》要說：「無智亦無得。」《維摩經・觀眾生品》亦云：「若有得有證者，即於佛法爲增上慢。」這也就是無我的意思。但這不是消極的，乃是積極的，因此《心經》中另外還有「無無明亦無無明盡」、「無老死亦無老死盡」的經句。如果有盡，盡了便在人間消失，那是消極。無明與老死既不存在，所以也不必畏懼。凡夫不斷地從生到死，是由於無明，解脫了就沒有無明也沒有老死。但是解脫了的人還是有老死的現象，只是不對老死產生執著、產生畏懼，不受老死的現象所困惑、所恐懼，這叫作解脫。因此叫「無老死亦無老死盡」，這就不是相對的無，也不是相對的空。所謂解脫生死的意思是：自由自在於生死，不畏懼於生死，這叫眞正的無生死。可是解脫以後爲了度眾生，還是會有生死，這叫作亦無老死盡。《維摩經・菩薩行品》亦云：「觀以無我而誨人不倦。」可知無我實是積極的。

不落空和有，叫作絕對的無，《華嚴經》中說有無盡的法界，有凡夫的法界，有諸佛的法界。法界的意思是指環境、範圍；不同層次的人，就有不同的環境和範圍。《華嚴經》講的無盡，那是指的絕對的有，那是眞實的有。《般若經》講的空，是畢竟的空，也是絕對的空。所謂畢竟空是眞正的空，也就是空空——絕對的空，並不是有無相對的空。《華嚴經》講有，《般若經》講空，實際上都是講的不可思議的無。

不一不異是絕對的無，不是一，也不是二，那就是絕對的無。在《維摩經》裡常講「不二」——生滅不二、垢淨不二、生死與涅槃不二、菩提與煩惱不二，也就是無的異名。

三、禪與心靈環保的類別和層次

內在的心靈世界只有一個層次，我們叫它「法界唯心造」。所謂法界，一共有四聖六凡的十法界；或者是每一法（現象）的範圍，也叫作法界；或是每一類的眾生，叫作一個法界，這都是唯心所造的。唯心的意思有三點：

㈠ 觀想的

用意念或意志來做觀想：你想清淨，就得清淨；你想安靜，就得安靜；很熱的時候，你想不熱，就會不熱；很苦的時候，你想不苦，就會離苦。

在最近出版的一本叫作《求生存》的美國雜誌上，有這麼一個故事：有一對打獵的父子，在一個冬季，因飛機失事而掉入湖中，父親很快地就被凍死了，兒子一直想著：「我不冷，我不冷。」這樣慢慢地爬上了岸。上岸後，一共在森林中過了七十天，在這期中只有水喝，什麼都沒有得吃，他不斷地告訴自己：「我不餓，我不餓，我不冷，我不冷。」等到被人發現時，他雖已瘦了，僅剩下七十九磅，但還是活著的。他的意志力及意念，使得他活著回到了人間。

㈡ 體驗或心驗

經由觀想、持誦、禮拜或祈禱而達到的一種效果。觀想完成而見到淨土、佛、菩薩；持誦、禮拜、祈禱完成而見到佛國、天國、神仙。這都是當事者個人的體驗，其他的人無從分享。

㈢ 事實的實踐

心中所想的或希望的事，自己便朝著目標去努力，以實際的行爲，來改變現實的環境。也就是依據自己心中所想的，不僅用嘴巴宣傳呼籲，尤其要身體力行，百折不撓地全力以赴，便能改變現實的環境，這也是唯心所造的一種模式。

禪的世界是內外統一的，內心世界不離現實世界。禪者的內心世界是純樸的、無瑕的；他的物質生活是簡樸的、自然的。而外在的世界，在他看起來，並沒有離開他無限大的心量。因爲禪者的內心是無私的、無我的，所以也是無限廣大的；既然是無私的、無我的，外在的環境並沒有離開他自己的心性。因爲自心是清淨、無私、無染的，所見的外在世界也會無私無染的，又因爲自性即是清淨的空性，所見的外在世界也是無相無著的。既然禪者所體驗的世界是內外一如、無私無染、無相無著，那又何處不是佛國淨土呢？只因其他眾生仍在充滿煩惱的情況下生活，所以必須宣揚心靈環保的理念及方法。

由於禪者的心靈是層次分明的，並不因爲無我、統一而混淆了，故對於外在世界，仍有認識和反應作用。一位高明的禪修行者，當他跟人相處之時，或者處理事務之際，能以純客觀的智慧，做善善惡惡、公是公非的判斷。他會以此自化化他，那便是菩薩道的實行者。

一位有了禪修體驗的人，不一定就是完全解脫了的人。他已有攝心、安心的經驗，也有相當程度的智慧，會知道自己有些什麼缺點，既有自知之明，也會坦白向他人承認自己的缺點，這也正是他內心的反應。所謂明心，是首先明瞭自己的煩惱心是什麼？有多少？往往是從對於環境的接觸及思想的矛盾，才能反映出內心的煩惱。煩惱如賊，只要你面對它，它就隱匿起來。於是不隱瞞缺點的人，他的心也就比較明朗、坦誠、謙虛、和善，他會說他應當說、可以說、如實而說的話；他會做他應當做、必須做、如實而做的事。

從心靈的淨化到精神的提昇，要用觀想的方法。最常用的是數息觀、不淨觀、念佛觀；另外尚有其他的方法，例如：用禮拜、持名、諷誦，以及默照、話頭等。這些方法都能使我們的身心淨化，也能使我們的人品提昇，從行爲改變觀念，再從觀念的改變，來達成人格的淨化與精神的昇華。除了觀想方法以外，當然還需要配合無我的空觀，才能產生無私的智慧。

四、禪的修行與心靈環保

環保必須從我們的生活簡單化、純樸化著手，除了必須用的，不要多用，更不要浪費。對我們擁有的生活環境，要知福、惜福、保護。我們應該以禪修的方式做爲生活行爲的準則。例如：我們在禪寺吃飯，不浪費一湯、一菜，乃至一粒米、一滴水，就是連吃完飯後的碗、筷，都要用少許的水在碗內清洗後，將水喝下。現代人多半有浪費東西的習慣，吃不完就倒掉，用不完的就扔掉，雖然是用自己賺的錢買的，但是浪費了東西就浪費了屬於地球上全體眾生共同的資源。地球上很多的資源是愈來愈少，而只有人類是愈來愈多，如不設法淨化人類的心靈，簡化人類的生活，而只提倡環保，無異是本末倒置。

禪的修行，能使我們主觀的內心世界和客觀的生活環境合而爲一，那不僅僅是心理的想像，也不是眼不見爲淨的自我安慰。禪的修行者，一定會將內心所體驗的，表現到外在世界來，自己體驗到的，必定也勸導他人一同分享，也會影響他人、帶同他人，來共同達成心靈環保的任務。

自然環境的保護，一定要靠人來完成，爲了能達成此一任務，必須從全體人類內心的意願及認識做起，進而身體力行。如果僅有意願及認識，力量也有限，必須用觀念來疏導，用方法來實踐。這樣才能達到淨化人心、淨化社會、保護自然環境的目的。

環保心語

所謂明心，是首先明瞭自己的煩惱心是什麼？有多少？往往是從對於環境的接觸及思想的矛盾，才能反映出內心的煩惱。煩惱如賊，只要你面對它，它就隱匿起來。於是不隱瞞缺點的人，他的心也就比較明朗、坦誠、謙虛、和善。

（選自《禪的世界》）

以禪心轉化凡心

一、人類的生活環境

人類的生活環境大約有四種：

㈠物質的生活環境——衣、食、住、行、教育和娛樂等設施。

㈡精神的生活環境——屬於形而上的，超越物質的心靈活動範圍。

㈢人際關係的社會環境——個人與家庭、社會、國家間的人際關係。

㈣人類所依的自然環境——山河大地、森林、原野等自然資源。

不過上述四項都不是今晚所要討論的重點。諸位或許不免疑惑，我們的主題不就是上述的第二項嗎？怎麼又說不是？因爲，今晚所要闡述的，偏屬於禪修者的心靈領域，這與世俗所說的精神生活大不相同。

二、禪修者的內心環境

(一)常人總是向心外的環境追求和抗爭

一般人總以為自己時時刻刻都和自己生活在一起，形影不離，所以只有自己最認識自己，最了解自己。然而卻很少有人意識到，大多數人只存活在自己的心外，而不是心內，能夠生活在自己心內的人極少。我們的生活所需泰半來自身外，所以就誤以為所有的煩惱困擾也都來自外界，於是不停的向心外的環境追求和抗爭。

驕慢心重的人，喜歡伸張自我、操控外境；缺乏自信的人又常覺得個人渺小無能，有如蜉蝣寄生、滄海一粟，因此也不斷向外馳求。現代人常常抱怨生活範圍的局迫，覺得空間太小、時間太短，這都是由於生活在心外，身、心無法統合的關係。

(二)禪修者發現內心世界廣大無垠

天文界利用精密的高科技望遠鏡，接二連三發現了許多新的星宿；似乎我們所探觸到的範圍，已經夠深夠遠了；但是我們內心世界的深廣遼闊，又何止於此。我們經常感受到外界種種的壓迫和束縛，例如：空間太小、活動範圍狹窄、時間老是不夠用、責任沒完沒了……，總之，既不自由，也不自在；要想擺脫這些障礙並非不可能，只要深入開發自己的內心世界，讓自身臻於禪境，就能達成目標。

所謂的無限是指：

1.因願心和決心而潛力無限。

也許有人會說：「這恐怕不容易吧！」其實只要眞有願力和決心，就會發現潛在的能力無限。所謂的潛能，包括智慧和影響力，兩者並存時，時空便可以延伸至無限。這對大多數人來說，並不是一件容易了解的事，但是確實是可以做到的。

2.定中能夠經驗到時間與空間無限。

時間和空間的長短，只是內心的一種體驗。時間固然有著客觀的依據，但若取決於主觀的感受，便沒有一定的標準。有人在定中過了三天，當他入定之時，宛如進入無限，一旦進入無限，時間於他，已經不存在了；出定之後，又覺得入定的時間剎那即逝，而剎那即逝的感覺，又表示了時間的快速流轉。

前者是無限量的長，後者則是無窮盡的短。換言之，在定中時間可以無限的綿延，出定後則覺得怎麼才闔一下眼，已經過了好幾個小時，甚至好幾天。

3.放下自私的立場，便發現心量之大，可以包容無限。

當我們走出狹隘的自我中心時，會發現這個世界很小，而心量卻很大，大到可以包容宇宙間所有的人、事、物，所謂「心包太虛」即是。

4.開悟之後即能體會到超越一切的無限。

5.內心之大，大於身外的宇宙，內心之深，深過無垠的宇宙。

不過，要做到開悟者的境界「心包太虛」，卻不是那麼容易，得透過種種的方法。因此，下面要介紹禪修者如何開拓心境，以及保護自己的心靈。

三、禪修者如何保護心靈環境？

(一) 身體要動

一般人以爲禪坐完全是靜態的，其實不然。正確的坐禪姿勢能使身體健康，放鬆全身肌肉、關節、神經，使得內分泌系統、消化系統以及循環系統正常運作，這是身體在靜態中的活動。

有些人爲了鬆弛肌肉，常常求助於按摩師，殊不知坐禪的效果比按摩更佳，因爲禪坐能令我們身心徹底放鬆，而當你在接受按摩時，心情可能仍是緊張的。

禪坐對高血壓、風濕症，以及神經衰弱等慢性疾病有相當可信的療效。當然，禪坐不是外科手術，更非仙丹妙藥，乃是讓你的健康在不知不覺中漸入佳境，而達到治療的目的。

今天演講的翻譯王明怡先生，就是一個很好的例子。十九年前，他苦於劇烈的頭痛，無法專心讀書或工作，爲了紓解壓力，他求助於禪坐，大約只經過半年的練習，惱人的頭痛就不治而癒了。當然，他的頭痛也算是個善巧的因緣，於他、於我都有益，如果不是頭痛的緣故，他就不會來學佛，而我就少了一位得力的翻譯。

所以有病在身不見得不好，即使剛開始讓你痛苦難安，但是假如有善因緣來幫助，經過妥善的處理，結局反倒可能是意想不到的好。因此，逆境來臨時，不要抱怨，好好的面對它、處理它，也許就能夠將痛苦化爲助緣，而開創出一番新的局面。

禪修的人除了靜坐之外，也有許多運動的姿勢和方法，例如印度的瑜伽術、中國禪宗的少林拳以及道家的太極拳等。現代人把瑜伽術、少林拳當作一種純粹的體操或武術，而忽略了與之息息相關的禪坐，實在是本末倒置。這就是爲什麼許多武術教練和瑜伽教師，在到達某種程度後，常感其中有所不足，而渴求禪修。其實不論是瑜伽術或少林拳，都是因靜極而後動的工夫；因爲禪坐一久，雜念頓除，內心凝定，乃在靜中引發身體的自動，從而發展出有規律的拳法或體操。

一般人聽到禪修，腦中浮現的都是深山古洞或寺院道場，殊不知古代的山裡，沒有水、電、瓦斯，禪行者的生活作息少不了擔水搬柴，如果你問山僧：「山上何所事？」他一定告訴你：「無非擔水搬柴！」而這些擔水搬柴等，無一不是修行。唐朝的百丈禪師就主張：「一日不作，一日不食。」他的工作就是耕種，耕種就是禪修；若以專司管理的職事僧來說，與信眾的接觸談話，就是禪修活動。因此，經常有人問我：「現代人的生活步調這麼緊湊，要如何修行？」我都會告訴他們：「日常的生活、工作就是修行。」

也就是說，身體在做什麼，心就在做什麼。說話的時候要清清楚楚的知道自己在說些什麼；勞動的時候，心也不離開手和腳，不但散步、旅行、駕車乃至上廁所，都是修行。以平常心做平常事，就是禪修。

說到這裡，我想起一則禪七中發生的小插曲，不妨引來博君一笑。我們在禪七期間均會分配禪眾一些工作，有一次有位禪眾專司廁所的清掃，他在刷洗的時候，因爲太過投入，以致物我兩忘，把守在門外等候用廁所的人們也都遺忘了。一位苦候多時的同修忍不住問他：「你快要好了嗎？」

他渾然忘我的說：「啊！慢慢來吧！我正在享受工作中的樂趣。」

另一個人也插嘴問說：「你究竟什麼時候才做完啊？」

他說：「我希望永無盡期的做下去。」

第二天清早，正在用餐的時候，他看到放在餐桌上的一把水果刀，忍不住失聲大叫：「這個東西怎麼會放在這裡？」

我問他：「怎麼回事？這把小刀不是用來切水果的嗎？」

他摀著嘴巴說：「我昨天就是用這把小刀來刮廁所便槽上的污垢呀！」

沒有人責罵他，因爲在那個時候，他不會注意到這把刀是不可以拿進廁所的。不過諸位大可不必擔憂，在平常的生活當中，不太可能發生類似的例子，心念要到達像他那樣集中的狀態，需要經過一段時間的禪修。常人能做到心不二用就已經很好了，例如開車時，就專心開車，這樣車子一定可以開得很好；不過我通常還是會建議剛打完禪七的人，如果心念統一，在兩天之內避免開車，否則可能會步上那位禪眾的後塵，一時分不清楚東西南北。

(二) 心靈要靜

我們坐禪時要先練習靜心，靜而後能安。

面臨外境困擾時，先要想到那是外境不是我，但是要知道自己心情和心念的狀態。許多人欠缺智慧，明明知道問題不在自身，而在外境，卻偏偏受影響，而變成了自己的問題，這是非常愚癡的。尤其在人際往來中，總不免會受到他人的非難、誣衊和抨擊，偏偏有很多人遭遇這些境界時，明知已受傷害，往往還不能控制自己的情緒，而任由怒氣和煩惱生起，造成第二次傷害。

我在每次演講之後，總會聽到一些不同的聲音。有些人給予讚歎鼓勵，也有一些人提供建議批評。對於這些意見，我通常都會靜靜的聆聽，然後告訴自己：「哦！他們這麼說……。」也許他們都可以做爲我的老師，但是這麼多意見相左的老師，我究竟何去何從？總不能無所適從地跟著許多種不同的批評團團轉，而失去了自己的主張吧！因此，經過仔細過濾後，如果確實可行，我一定從善如流，實在是無法接受的話，我也不會生煩惱，說他們是無理取鬧。

如何隨時隨處練習心靜？《六祖壇經》說：「瞋愛不關心，長伸兩腳臥。」並非身體不工作，而是心中無對象可瞋，無對象可愛，此即是無心，所以也無煩惱。

前面提到的百丈禪師每日忙著工作，有一次弟子雲巖禪師即問：「和尚每日驅驅為阿誰？」

百丈禪師說：「有一人要。」

雲巖又問：「因什麼不教伊自作？」

師答：「他無家活。」

每天工作只是做人的本分，不是為自己爭取什麼。既然不為己求，做什麼事心都安靜。

又例如：黃檗禪師不為求佛、不為求法、不為求僧，卻仍經常禮拜。

㈢ 心靈清淨，環境也清淨

《維摩經》說：「隨其心淨，則佛土淨。」又說：「隨成就眾生，則佛土淨。」第一句是說心若能不受內外環境所困擾，雖然生活在人間，也等同於生活在佛國的淨土。第二句話是說，若能放下自我的私心，爲一切眾生做不求回饋的服務，內心平安歡喜，也等於生活在佛國淨土。

事實的確是如此。且拿雨天做例子，當我們心情愉快的時候，風聲、雨聲都覺得聲聲悅耳，而當心情惡劣時，就會有「秋風秋雨愁煞人」的感觸了。

我也曾經目睹一對夫婦，因爲出發點的不同，而對幼兒的哭鬧有著截然不同的兩極反應。做爸爸的顯然招架不住兒子的哭聲，氣咻咻的叱喝道：「哭！哭！哭！就是會哭，沒看過這麼壞的小孩！」而剛從房間走出來的母親卻喜孜孜的說：「啊！這孩子有這麼大的哭勁，表示他很健康哩！」夫婦倆對於孩子哭聲的感受竟然如此不同。

如同這位母親一樣，假如我們心中有愛，時時關心著付出和助人，那麼你所看到的世界和眾生，都會是溫暖可愛的。

因此，我常建議人要練習著以禪修者的健康心靈來看待世間。

1.世間的一切現象都是有原因的：順利的事有它發生的原因，不順利的也有它的原因，不知道原因也是一種原因。所以要有「不爲物喜，不爲己悲」的胸懷，得志時不必興奮，失意時毋需沮喪，一切終歸無常。

2.世界一切現象都是新鮮的：好的是新，壞的也是新。深夜將盡的時候，天色可能是最黑暗的，不要厭惡，因爲黎明快要到了，黑暗不過是個過程。在過程的轉換當中，沒有一樣東西不是新鮮的。

3.世間所有現象都是美好的：成功是美好的結果，失敗也是美好的經驗。或許有人要問，怎麼可能兩面都是美好的呢？其實只要不管遇到順境還是逆境，都告訴自己：「成功是美好的結果，失敗是美好的經驗。」便沒有一樣事會讓你生煩惱，生活就會變得很有意義。

（選自《動靜皆自在》）

《金剛經》與心靈環保

一、環保的層面

(一)保護物質的自然環境

包括生態資源的保護以及物質資源的保存。所謂生態保護，包括對於所有野生動物以及植物的保護。

要將所有動、植物生存的環境，都看作是我們身體的一部分，沒有這些動、植物，人類也無法單獨生存。這些共同生活的生物環境，相互之間都有它自動、自然的調整作用，如果人爲加以破壞，使自然生態環境失去平衡，也會爲人類帶來災難。例如，撲殺麻雀，結果蝗蟲一來，即釀成蟲災。麻雀固然吃米穀，但也吃蟲，也幫人類避去了蟲害。麻雀吃了農夫辛勤耕種的穀物，把麻雀撲殺，表面上看起來似乎是對的，但卻因此破壞了生態環境的平衡，會爲人類的生存帶來災難。又例如砍伐森林，目的在於增加耕地面積，擴大農民生產，不過一旦森林砍伐殆盡，一片童山濯濯，成爲光禿禿的不毛之地，勢必引起旱災，亦引來水患。

臺灣是個彈丸之地，如果任意破壞自然生態，我們很快便會受到報應。許多先進國家，例如美國、日本在國內講環保，卻到印尼、南美洲去砍伐原始森林，這是一件很愚蠢的事。我們這個世界，現在已經是「地球村」，彼此息息相關，聲氣相通，樹木在本國和自己有關係，在南美洲、印尼，又何嘗沒有關係？

除了生態資源的保護，物質資源的保存也很重要，現在我們對物質資源的浪費，很快就會帶來災難；譬如，對石油及水資源的浪費，石油及水，有如人體的血液，如果將油料燒盡，地下水抽光，會爲人類帶來什麼情況？後果或許會可怕的不堪想像！

目前，我們雖然生活在非常富裕的物質環境中，但是人類的健康狀況卻愈來愈壞，科學文明愈昌盛，人類的苦難並沒有因此而減少，我們的快樂和幸福未必超越五千年前的老祖宗。

以佛教來說，佛教主張要愛護一切眾生。因爲愛護所有動物，所以不殺生；因爲愛護所有物質，所以要惜福。對所有一切物質，都應該好好愛惜、好好運用，一用再用直到不能用爲止，這樣才能把我們的環境保護好。

佛法說，我們的身體是「正報」，生存的環境是「依報」，因爲我們必須依靠環境而生存，所以叫作「依報」。如果我們繼續不知節制地破壞、浪費而不加以愛惜，不僅我們的子孫無法享有這樣的福報，我們自己的來生，也因此而無法往生淨土了。

(二) 保護人間的社會環境

保護社會環境包括對家族倫理、社會倫理，乃至於對職業及政治倫理的保障與維護。人與人之間的關係，必須要有倫理。倫理的意思，就是尊卑、高下、長幼和先後有一定的次第。例如，我們今天聽講的座位，如果每一個人都有他的位置，進入會場的時候，一定井然有序，不會你爭我搶；如果會場的座位安排沒有對號，一旦很多人同時進來，就可能產生你占我奪、爭先恐後的狀況。所以，人與人之間，必須有倫理的規範；如果不遵守倫理，或許一時間彷彿自己占了上風，他人遭殃，事實上，自己就在其中，根本難以豁免，到頭來還是反受其害。

有一個故事是說，有一個惡媳婦虐待她的婆婆，每天用同一只破碗盛飯給婆婆吃，吃完了也不洗，第二餐再用同樣的碗盛飯給婆婆吃。終於有一天，這個惡媳婦自己也娶了媳婦，但是她對婆婆依然故我，仍是老樣子。一次，這位惡媳婦拿了這只破碗隨手一扣幾乎打碎，她的媳婦馬上把這只破碗搶過去說：「婆婆，不能打破啊！」

這位惡媳婦問：「打破有什麼關係？」

她的媳婦答：「不行啊，我還準備將來留給妳用哩！」

這雖然是個笑話，卻是值得警惕的，一代看一代，你如何對待上一代，你的下一代也會如何對待你；就算你的下一代不如此待你，以佛法的眼光來看，你仍然得承擔起因果。所謂「惡有惡報，善有善報，若有不報，時辰未到」，這一生不報，來生也會報。佛法中有「花報」與「果報」，「現生報」也叫「現世報」，現世報僅像是開花一般，並不是全部，來世的報才是更厲害的結果。

此外，既得遵守家族的倫理，也須遵守社會的倫理。社會的倫理是什麼？每一個社團都有它的倫理關係，譬如，組織法中規定負責人和成員，以及他們彼此之間的運作方式，否則，這個團體就變成一群烏合之眾。而宗教更是重視倫理，師徒關係、信徒與出家人的關係，都是倫理；有職務的倫理、職位的倫理，甚至還講戒臘的倫理，誰先受戒，便應受到尊敬。

「倫理」如果用佛教的語言來講，稱之爲「法住法位」，也就是說，每一個現象，都有它一定的位置。每個人在不同的時間、環境中，都有他不同的位置；每一樁事物，在不同的時間、情況下，都有不同的立場和位置，我們要加以尊重，這就是倫理。

例如，有時候我是老師，有時候我做學生。做老師的時候就要像老師，做學生的時候就要像學生。諸法因緣生，諸法因緣滅，各有其軌跡、地位；違者相互衝突，順者彼此輔助。

雖然說要隨順因緣，但佛法也鼓勵人要積極促成因緣。因緣沒有成熟，要促成它。如果怎麼樣也做不出來，那就暫時擱下。譬如說，我計畫到國父紀念館演講，但是場地怎麼也租不到，那到底還要不要講呢？如果怎麼也租不到，便放棄演講計畫。因爲我知道「諸法因緣生」，別人也需要用場地，並不是只有我才能用，所以不需強求，只要等待以後有因緣就好了。

(三) 保護自我的內在環境

自我的內在環境，包括心理活動和精神活動。

佛教指出，心有「染」和「淨」，「眞」和「妄」之分。「染」是煩惱，「淨」是智慧；受幻境的迷亂，就是「妄」，證得諸法的實相無相，就是「眞」。

一般人的心理活動，無非是虛妄的煩惱相，無我、無相的精神活動才是解脫自在的智慧功能。

前面我們已經大致解釋過有我、執著、以自我爲中心的意思，那便是染的、妄的、煩惱的；相對地，無我的、無住的、不以自我爲中心，便是淨的、眞的、智慧的。

二、《金剛經》的心靈世界

一共有四個層次：

(一) 淨化人心

心靈環保便是人心的淨化，由人心的淨化，推展到社會環境及自然環境的淨化，始能落實、普遍、持久。

所謂「心靈環保」，是一個現代的名詞。其實，佛教很早就主張，要把我們的心清淨，必須將煩惱心淨化，成爲智慧心，這就是心靈的環保。

心靈的世界包括心理的活動和精神的活動。如果我們的心理環境或精神環境常常困擾我們，心靈就不健康了。爲了保護我們的心靈環境，變得有智慧、清淨、自在，就必須從人心的淨化做起。

㈡ 發菩提心

人心的淨化，必須放下自私自利，確信利人便是利己，故當如《金剛經》所鼓勵的「發阿耨多羅三藐三菩提心」。什麼是「阿耨多羅三藐三菩提心」呢？這是《金剛經》中非常重要的一句話，就是要發成佛的無上菩提心。要發成佛的心，必須先學菩薩的精神，菩薩的精神就是「以利他爲利己」，菩薩發願並不是急著想要自己先成佛，而是希望先度眾生。諸位一定聽過地藏菩薩發的願：「地獄未空，誓不成佛。」這就是菩薩精神，是以利益眾生來利益自己，也就是不爲自私自利，只爲利他。這種觀念正是我們現在的社會，以及永遠的人間社會所需要的。如果人人都能不爲私利，而致力於利他，這世界當然就不會有什麼紛爭了。

利他行，並不等於做濫好人。必須智慧與慈悲兼顧，方能使我們的世界眞正的淨化。

(三) 保護初發心

發了無上菩提心，應當知道如何時時保護此一「初發心」，是故《金剛經》說：「云何應住？」

這個「住」和前面的「住」不同。前面提過的「住」是「在乎」，這裡的「住」是不要離開、不要退心、不要忘掉。要住於無上菩提心，不要忘記自己最初所發成佛的願心。要時時提醒自己，不可忘記自己是一個發願成佛的人，如果能夠這樣，便能時時以利他爲利己。

(四) 降伏煩惱心

住於無上菩提心者，必須知道如何處理心猿意馬的虛妄煩惱心。《金剛經》說：「云何降伏其心？」如何使我們心猿意馬的煩惱心、妄想心、自我執著心平伏下來、化解開來呢？這就是《金剛經》的內容，也是最重要的主旨。

三、《金剛經》的心靈環保

㈠「應無所住，而生其心」

「無所住」，就是「不在乎」，不在乎自我的利害得失；「生其心」，就是以無私無我的智慧，處理一切事物。

㈡「應如是生清淨心，不應住色生心，不應住聲、香、味、觸、法生心」

當我們行布施、做好事、發起慈悲心的時候，不要有一定的對象。「色」就是一定的對象，紅的、綠的、方的、圓的、長的、短的、親的、疏的……等一定的對象；「聲」就是各種聲音；「香」就是諸般氣味；「味」就是酸、甜、苦、辣等味道；「觸」是感觸、身體官能的接觸；「法」是自己心裡的想法或觀念，一切屬於心理或精神部分的，宗教或哲學上的最高原則或「神」。色、聲、香、味、觸、法這六種合稱爲六塵，都應該全部擺脫，這樣心靈才能得到清淨，這樣行布施才不會生煩惱心。

㈢「應生無所住心，若心有住，則為非住，是故佛說，菩薩心不應住色布施」、「菩薩為利益一切眾生故，應如是布施」

「若心有住，則爲非住」，意思是說，如果心仍然執著於色、聲、香、味、觸法，就是「非住」，就是「不住於菩提心」。菩薩爲了利益一切眾生，應該以「無住心」布施，這才是眞正的菩提心。

四、從有到無的心靈環保

㈠普通人的心理活動——住於過去和未來

一般人總是常常想著過去、想著未來，能夠想到「現在」的已經不錯了。我們通常會記掛著過去的對錯毀譽，以及幻想著未來的期許：下一次的好運，是不是輪得到我？如果只想到過去、未來，「現在」又如何做得好呢？

成功的人不能沉醉在過去，也不可幻想著未來，唯有努力於現在，才是最可靠的。

(二) 大修行人的心理狀況——住於現在的活動

學佛修行的人不要老是擔心：「我如果犯了戒，就要下地獄了！」也不要老是渴望：「阿彌陀佛！你什麼時候拿金台、銀台來接引我？什麼時候才會來呢？我死的時候你來不來？」這樣空想是沒有用的，現在趕快精進念佛才是最要緊的。

這就好像有人看到一顆蘋果快要熟了，他便站在樹下想：「這顆蘋果是我的。」於是，就站在樹下張著嘴巴等，他老是在等，而不去摘蘋果，結果蘋果尚未掉下來之前，可能就來了幾隻鳥把蘋果吃掉了。這就像是只幻想著美好的未來，卻不把握現在及時動作，這是沒有用的。

我們常常就像是那位在樹下等蘋果吃的人，以爲等著、等著一定能等到。等待是不會有結果的，只有努力才會有成果，有時候可能努力了都不一定能夠得到，但是，還是一定要努力，才會有機會；如果努力過後仍得不到，也可以問心無愧了。以摘蘋果的例子來說，也許當你還沒爬上樹去，它就被鳥吃了，或掉下來跌壞在地上了。但是，在爬樹的時候不能擔心：「反正蘋果一定會被鳥吃去，算了！我不爬樹了。」而是要重視現在的努力，大修行的人、成功的人都是這樣，不會老是怨天尤人，不會因爲別人的得意失敗，而在一旁空歡喜、徒悲哀。

㈢解脫者的智慧反映——不住於過去、未來、現在

《金剛經》說：「過去心不可得，現在心不可得，未來心不可得。」就是解脫者已經心無所住，不住於現在，也不住於過去、未來的一切相，這叫作「無相」、「無我」，也叫作「解脫」，就是一個有大智慧的人了。

我們大家都還是凡夫，雖然還做不到，但知道有這麼一個境界，希望有

一天能夠做到這個程度，所以要修行。至少要能做到「住於現在的活動」，不要停留在第一種「住於過去和未來」的狀況。

（選自《福慧自在——金剛經生活》）

環保心語

要把我們的心清淨，必須將煩惱心淨化，成為智慧心，這就是心靈的環保。

《維摩經》與心靈環保

一、心淨即國土淨

「心靈環保」，這雖是一個很新的名詞，但在二千五百多年前釋尊所講的佛法，已無一不與心靈環保有關。今晚是從「心的清淨」這個著眼點來講佛法，介紹《維摩經》中所說的心靈環保。

心的清淨，關係到心靈的淨化以及心靈環境的衛生，其實就是相當於心理健康，或說是心理衛生。一般人不是認爲心在身內，就是認爲心不在身內。從佛法來講，心既不在身內，亦不在身外，也不在中間。意思是說，內在的心，不即環境不離環境，它是整個的，也可說它就涵蓋了內在和外在的環境，是不二法門。因此，講心靈環保要比一般的心理健康和心理衛生，更爲深廣。

我從《維摩經》中摘錄出來的各句經文，看似彼此不相關聯，其實是相互呼應的，是針對這個主題所摘錄出來的。現在就進行對於經文的講解：

目淨脩廣如青蓮，心淨已度諸禪定。〈佛國品第一〉

在印度的蓮花，有青黃赤白紫等各種顏色，最上品的便是青蓮花。一般人都說眼睛是靈魂之窗，也是代表著智慧。眼睛清淨的話，就像一朵青色的蓮花。「目淨脩廣」，形容眼睛的相好，是三十二種大人相中的一種好相，這種眼睛並不像龍的眼，而是像大象的眼睛。脩廣的脩是長的意思，廣是寬的意思，這一句是形容眼睛，看起來就像青色蓮花瓣一般的美。這種相好，唯有佛以及印度傳說中的轉輪聖王才會具備。這樣的眼睛，也表達出內心的寧靜。

「心淨已度諸禪定」，諸禪定是指四禪八定，乃至九次第定及如來禪定。如果心已完全清淨，就等於是完成了世出世間大小三乘的一切禪修功能。心一旦清淨，便能不受環境的污染和困擾，即是進入禪定。我們常說某人定力已深，其實不一定打坐時，才能表現定力。當一個人面對會讓自己心跳及發怒的情境，卻能夠不心跳、不發怒，就表示這個人有定力，其心不受干擾，這就是心的清淨。

深入緣起，斷諸邪見，有無二邊，無復餘習。〈佛國品第一〉

「緣起」是說任何一樣東西的產生，都不是單獨的、偶然的、突發的，而是必有其前因後果，以及許多因素的配合才得以完成的。如果能知道世界的一切現象，都是因緣所生，就一定能斷除執常、執斷、執權威、執虛無等的偏見邪見。

邪見又稱為常見或斷見。執常執斷，稱為「二邊」，「常見」者認為世間的一切是永恆的，本來就具有且永遠存在的。一切的現象皆由它創造而離不開它，一切的現象亦是被它所破壞而毀滅。但是它本身卻永不受破壞、毀滅，「它」是什麼東西呢？可以叫它是神，是上帝的權威，也可叫它是理，或眞理。

常見的另外一個解釋，是說我們的靈魂，是不滅的，是永遠存在的。靈魂隨著我們這一生的出世而來，隨著逝世而到另外一個世界去，或生天國或下地獄或重新回到人間等處。環境在變、現象在變，而靈魂不變，這叫靈魂不滅。很多人認爲這種見解就是佛教，這是錯誤的，佛教不承認有一個永恆不變的靈魂存在。佛教對於生命持續於生死之間的主體，稱爲「神識」，更正確的是叫作「業識」，隨著造業的性質，便改變受報的質能，不斷地造業受報，業因不同，業果也變，所以是無常、非常的。

綜合上述常見，有兩種解釋：一種是認爲有一個第一因是爲眞理、上帝、神，另一種是以爲靈魂不滅。這二種信仰，均非佛教的觀點。佛教講緣起，是指一切的現象都是因緣生、因緣滅。有因緣的關係，前因與後果連續下來，成了因果的關係。在空間上的組成叫因緣，在時間上的連貫叫因果。用這二點來看，就會否定了常見在哲學上或宗教上的看法。

至於「斷見」，是說人在出生之前是沒有什麼的，既無物質的肉體，也無精神的靈魂，死亡之後也不會有任何靈魂留在世間。人生存在於天地之間，除了身心的活動，沒有靈魂，也沒有神鬼。是人自己疑心所致而疑神疑鬼，內在的靈魂不存在，鬼神也不是實有其物，這叫作「斷滅論」，又叫作唯物論的「無神論」。他們相信，宇宙人生只有物質現象的互動關係，否定神鬼、靈體等精神的存在。「斷」是空前絕後，沒有過去世，也沒有未來世，生命的現象只有眼前的一世，人生如燈燃，人死如燈滅。此種唯物論者，不信有個人的三世因果，不能爲人生帶來後續的安慰和警惕。

「斷」和「常」的見解，在佛法上稱爲邪見，因爲常見違背緣起論，斷見違背因果律；這二種見解也被稱爲「邊見」，一是極右，一是極左，右是常，左是斷，而凡是執持極端，都會爲人間帶來迷離和災難。然而不執二道而執中間叫作中庸，在佛法上也是不成立的，佛教不講中庸之道，因爲那會造成騎牆式的調和論，故而偏左偏右都不好，執中的調和比較好，但執中庸之道，還是一種執著，而且兼顧兩邊放不下來。在佛法來說，不執二邊，也沒有中間，才是正確的中道觀念。

「無復餘習」，是說沒有餘留下任何的習氣，乃至微細的煩惱也不存在。唯有能夠深入緣起性空的佛，才能斷除一切的煩惱餘習。例如《大智度論》卷二云，二乘的阿羅漢與辟支佛「雖破三毒，氣分不盡。……佛三毒永盡無餘。」

> 直心是菩薩淨土，菩薩成佛時，不諂眾生來生其國。〈佛國品第一〉
>
> 直心是道場，無虛假故。〈菩薩品第四〉

《維摩經》中有兩處講到「直心」這個名詞。「直心」的意思是什麼？

昨天有一個在家弟子，寫了一篇修行的報告給我，他說他是一個直心腸的人，是快言快語、直話直說的人，因此常存好心說好話卻得罪人，不但傷了別人，也令自己覺得窩囊。請問諸位，這是我們現在要談的「直心」嗎？不，心直口快不等於是直心。心直口快是說話不經大腦，沒有深思熟慮，因此會說出不得體的話語。這裡談的直心，是指心中沒有一定要表現的意見，沒有自我的成見。沒有要表達什麼，只是隨緣應化，隨機攝化。

這個「直心」，粗淺者可以用腦波器來測量，腦波在思考時會波動，情緒激動時，腦波的波動更是非常明顯。直心的腦波是平靜的，成一直線進行。當我們沒有情緒的起伏和煩惱時，腦波便是平穩、平靜、平順的。

從修行的體驗而言，當心中無我、無煩惱時，是非常平靜、非常清明的，在這樣的情況下，就像是住於菩薩淨土。

在這種境界的菩薩成佛時，生在他的國土裡的一切眾生，都不會向人阿諛諂媚，也不會對人陽奉陰違，該處的一切眾生，都是直心的菩薩。此在《楞嚴經》卷一，也云：「十方如來，同一道故，出離生死，皆以直心。」《維摩經疏》卷一云：「肇曰：『直心者，謂質直無諂，此心乃是萬行之本。』什曰：『直心誠實心也；發心之始，始於誠實。』」

反觀我們這個世界的眾生，多的是表面奉承，言不由衷，只是爲滿足一己之目的和企圖，爲達私利而不惜巧言令色。「道場」在密宗稱作曼荼羅，叫作壇城。例如《師子莊嚴王菩薩請問經》云：「道場之處當作方壇，名曼荼羅，廣狹隨時。」很多人認爲設一個佛堂，有佛像就叫道場，所以寺院就是道場；也有人說，找一個蒲團坐下來打坐修行的地方，就是道場。其實不一定，嚴格來說，佛成道處名爲道場；菩薩以直心故成就佛道，故說直心是道場。後來的人將供養佛像處，稱爲道場。《注維摩詰經》卷四則云：「肇曰：『閑宴修道之處，謂之道場也。』」

《維摩經》中說，如果我們的心是質直的，心中誠質無諂，就是在道場中，道場就在其心中。心中有道場時，心外也就無處不是道場了。諸位坐在這裡聽講，此刻諸位心中若有道場，那麼這個演講所在的國父紀念館就是道場了。要努力去學習直心，便能體會到道場不在心外。

經文所指的「無虛假故」，是說不虛僞、不虛假，也是誠實無欺的意思。佛法說一切都是虛幻的，可是修道的心，則要誠實懇切，這就是道場。

若一句句都是誇讚美妙動聽的話，背後用心卻是自私自利，有所企圖，那便是虛假的。如果自己能夠直心，也會影響他人直心，成佛時也唯與直心相應的眾生來生到自己的佛國淨土。

若菩薩欲得淨土，當淨其心。隨其心淨，則佛土淨。〈佛國品第一〉

這兩句話，非常重要。此處的菩薩，指的是初發心的菩薩，是發了阿耨多羅三藐三菩提心的人。初發心的菩薩，還在娑婆世界，還在穢土之中。我們若想求得淨土，應當先自淨心，而非先要心外的這個世界清淨，由自我的內心清淨做起之後，自然能夠影響環境，使得他人也得清淨。

一般人都是向外要求，要求外在環境及他人，改變成他所希望的那樣。我有一位在家弟子，常對他的同事說應該這樣、應該那樣，對方問他爲何如此要求他們，他回答：「這都是師父說的呀！」話是沒錯，但師父並沒有要他去要求別人應如何，而是教他要求自己應如何才對。我們修學佛法，是拿佛法標準來檢驗自己的，不是用來衡量別人的。

「當淨其心」，是淨自心。舉個例說，如果我們只要求別人的心清淨，不說惡語、不做壞事，好讓我們活在淨土中，這是顛倒了，這不是心淨國土淨，而是要國土先淨，而後心才清淨。《維摩經》是要我們先清淨自己的心之後，佛國的淨土自然出現眼前。否則環境雖好，若內心煩惱，縱然身處天堂，依舊苦如地獄。

西方確實有個阿彌陀佛願力所成的佛國淨土，但是如果我們的心得清淨，便體驗到隨時隨處的世界，就是淨土，這也就是「隨其心淨，則佛土淨」的道理。其實我們這個世界，由凡夫所見是五濁惡世；由佛所見，就是一個佛土。釋迦牟尼佛在我們這個娑婆世界成佛，這個世界爲他的化土、淨土和佛土，我們就住在釋迦牟尼佛的佛土之中。只可憐眾生心中有煩惱，所以看不到。如果我們的心得清淨，就體會得到「隨其心淨，則佛土淨」的境界了。

淨土又可分成四類：一、人間淨土，二、天國淨土，三、他方佛國淨土，四、自心淨土。若能自淨其心，則通見四種淨土。

二、以六度淨心

資財無量，攝諸貧民；奉戒清淨，攝諸毀禁；以忍調行，攝諸恚怒；以大精進，攝諸懈怠；一心禪寂，攝諸亂意；以決定慧，攝諸無智。

〈方便品第二〉

事實上這段經文，指的就是六度，又名六波羅蜜。布施是屬於物質層次的，其餘五項是屬於精神層次，是心的層次。要使得心淨見佛土，就要用六度：布施、持戒、忍辱、精進、禪定和智慧來淨心。

有一些附佛法外道，也講佛經，也說他們是宣揚佛法，但他們只想走捷徑抄近路，不要布施、持戒，不要打坐，不要努力用功，只想馬上就能開悟，得到果位，這跟我們的《維摩經》是相背離了。此處明示，要見佛土，就必須先淨其心，要淨其心就必須布施、持戒、忍辱、精進、修禪定、發智慧，才能眞正斷煩惱、得解脫、證果位。

「布施」有財施、法施、無畏施。

「奉戒清淨」有二層意思：一是消極的，不應做的事不做。什麼是不應做的？凡對人、對社會、對眾生有害無益的事叫壞事；而對自己暫時有益，但非永遠有益，那是錯因果的也算壞事。因爲對自己暫時有益的，可能是一時的巧取豪奪而發橫財，有名有利有權勢，對自己看似有利，然因因果的關係，終將無好的結果，所以實際上對自己還是有害的。

二是積極的，不僅不造惡業，更當不斷地做好事，凡對國家、社會、眾生有益的，必盡自己的能力去做。用我們的心力、我們的體力來成長自己，奉獻給他人，成就社會，利益眾生，叫作積極的持戒。對個人而言，凡是有益身心及道業的事，也不得不做，例如少欲、知足、知慚愧、拜佛和懺悔等，都包括在積極持戒的範圍裡。凡是淨戒，都能嚴持不犯，便是「攝諸毀禁」。

「忍」即忍辱忍耐之意，亦爲接受、承認、認同的意思。唯有心甘情願地接受苦難的折磨，才是最大的忍耐，如不能接受，就不叫忍辱波羅蜜。我們在打坐修禪定時，很多初學者不習慣，坐了一段時間就腿痛、背痛、腰痛，最後連頭都痛，感覺如在地獄；然而如果接受它、面對它，就不會對痛感到很苦。同樣地，如果能面對毀謗打擊、百般的困擾糾纏，而不起憤怒瞋怨之心，便是修行忍辱波羅蜜。

我個人在修行時，就是如此體驗，每當痛得厲害時，就告訴自己：「原來這就是痛，看看還能痛到什麼程度？」我不是忍，而是任憑它痛，不拒絕它，也不去克服它，隨它去痛。在我的一生中，也常遇到極不如意的棘手事，我和我的弟子們，便以信心和耐心，忍辱負重，共度難關。當麻煩事發生時，絕不可怨天尤人，起瞋恨心，否則小不忍則亂大謀，會使你走投無路。因此我也常把不如意事，當作教我成長的恩遇來感謝。

前天我走在路上，看到一群狗，在咬一條狗，很殘忍。最初，被咬的那條狗，一直在掙扎，又叫又扭，而牠愈叫愈抵抗，愈激發那一群狗的興味，把牠咬得愈厲害。最後這條被攻擊的狗，倒像有了修行似的，裝死不動了，其他的狗看到牠不動了，覺得沒意思，便陸續地走掉；當那群狗走光之後，這條裝死的狗，就爬起來一溜煙地逃跑了。牠眞是絕處逢生！我心裡想，這眞是一隻懂得修忍辱行的狗呢！被咬得掙不脫時，乾脆靜下來讓他們咬個夠去，牠接受了所遭遇的一切，結果反而爲自己爭得一線生機。世界上很多情況都是這樣，你愈怕愈會碰上，例如怕死的人死得更快，怕狗咬的人愈可能被狗咬，怕鬼的人愈容易撞見鬼。但是，不能接受現狀的人還眞多，所以不妨勸他們來修忍辱行的法門。

我的出家弟子中，有人出家已好幾年，知道忍辱行是應該修的，修了是有福報的，也會教別人要修忍辱行，只是碰上他們自己時，卻連一句較重的話都受不了，就要找師父評理，要求還他的公道，那就是不能忍。忍辱是要難行能行、難忍能忍、難捨能捨，眞是很難做得到的。但是爲了要學佛淨心，則非忍不可，要慢慢練習，從小忍而至大忍。

「大精進」是不斷努力、不懈怠、不放逸、不找藉口理由來原諒自己。

修行的人，往往容易懈怠，所以有人說：「信佛一年，佛在眼前；信佛十年，佛在西天。」這就是不知精進，不能持久。其實，一時間要發精進勇猛心還比較容易，要發長遠持久心則很難。所以精進心一定要以持久心來配合，永不懈怠方是「大精進」，有大精進，才能有大成就。不過，精進不是洪水爆發，而要綿綿密密。例如在我的弟子中，常有人很精進，結果精進沒多久就害病了。就像肚子餓了，拚命地吃，把肚子撐得好大，不但不消化，還壞了腸胃一樣。那不是精進，精進是量力而爲，盡心盡力，不斷地努力，而非一時的盲從、亦非情緒的衝動。當然，要能毫不保留地，放下對於自我身心的執著，全心努力，才是大精進。

「一心」就是禪定之意。禪定有兩種：一種是心的穩定，是心能不受環境的誘惑動搖；一種是心的統一，若前念與後念念念統一，就是入定。兩者都可稱爲「禪寂」，禪定寂靜之意。《維摩經》裡講的「一心」，指的就是定慧不二的心，其心不只是統一的，而且是無二心，心中無分別、無雜念、無妄想、無煩惱。

「決定慧」的慧，也可分爲兩類：有漏慧和無漏慧。有漏的智慧是有執著的，是有我的；無漏的智慧不但要無我執，亦要無法執。但有漏的世間智慧，也不同於知識，知識是一種學問，是可以透過書籍、前人的經驗、自己的體驗而得到；智慧則是一種創發、新的發現，說前人所未說，見前人所未見。許多的大學問家、大思想家，乃至於今晚的樂隊指揮陳中申居士，他們都有自己的發現和創意。例如陳居士吹笛子吹到笛子拿掉了，笛聲還在響，其實那是他的口技高明，他的嘴巴就是笛子，這就是他的一種發現、創作，是出於他的智慧。但是當一個人有了新發現，卻以爲那是屬於自己所有並因而自鳴得意，則是有我、有漏的智慧。

至於無我的無漏智慧，也是一種明其別人所不明，但也不以知識、常識爲基礎，而是視情況需要給予適當的反應。不論是用語言、動作、表情，都可以表現出一個人的智慧。所謂無漏慧，乃是絕待的覺悟，對內外自他，均以智慧的功能，而悟見無我、無相、無住、無念，所以得大自在，稱爲「決定慧」。而唯有無漏無我的智慧，才是六度中的般若波羅蜜，有我的世間智慧，稱不上「度」，因其只能解決暫時的、局部的問題，而仍無從超越自我中心的束縛。

不斷婬怒癡，亦不與俱；不壞於身，而隨一相；不滅癡愛，起於明脫。〈弟子品第三〉

這一段是談自心清淨之後的人，應該如何。「婬怒癡」就是貪欲、瞋恚，以及愚癡。通常稱爲三毒，是煩惱的總稱，是痛苦的原因，故也即是「我」的執著、自我的表現。

一個菩薩要在世間度眾生，必須跟眾生處在一起，不能表現出自我的清高而自外於眾生，否則大家會不敢接近他。因此，菩薩在眾生中，是表現得與眾生類同的，也有一些些貪欲、瞋恚和一些奇怪的思想，所以一般人都能認同他。但是，就因他是一位菩薩，因此雖有一些婬怒癡之習性，卻能不受役於這些習性，不爲其所困擾。

「不壞於身」的「身」，指的是我們的肉身，又稱色身，又叫父母所生身。有身體就會有問題：肚子會餓，需要吃；口會渴，需要喝；吃喝之後需要上洗手間。凡夫以身爲自我，有身就有煩惱，就有不淨，就不自由。

有一次有一位西藏活佛來臺出席會議，有人看到他也到洗手間去，就質疑：活佛怎麼也上廁所呀？這意思好像活佛就應該像供在佛桌上的佛像一樣，不吃、不喝、不睡、不上洗手間的。不過，既然活佛也有人的身體，他就不能沒有人身當有的現象。

不過解脫了的佛菩薩，雖然也有身體所衍生的問題，但其內心，不會執著這個身體是我的，也不會由於這個身體而起貪、瞋、嫉妒及驕傲等煩惱，而能把這個身體和身體所處的外在環境，以及環境中的一切事物，都視爲是一體，這叫作「同體大悲」。他們體驗到自己的身體並不屬於個人，是屬於一切眾生，因此應爲一切眾生而奉獻，去做能做、應做的一切有益眾生的事。從相反的角度看，眾生的身體亦等於是自己的，若有一位眾生害病，就等於是自己害病。因爲自己身和眾生身，一體無二，所以眾生的身體，也等於是自己的，這叫作「不壞於身，而隨一相」。

「隨一相」有兩類：一是「同一相」，即剛剛所說的，我的身體是大家的，大家的身體也等於是我的；二是更高一層的，叫「異一相」。同一相是有相的，有自我的身體，也有他人的身體；而異一相就沒有特定的形相，是涵蓋一切物質現象而超越一切物質現象。而此「一相」即《金剛經》裡所講的無相，也是《金剛經》與《法華經》所說的實相。

「不滅癡愛，起於明脫」，「癡愛」是什麼？癡是愚癡、是無明，愛是愛欲。愚癡障智慧，愛欲生煩惱，其根本源自無明，而生死的苦報則從愛欲而來。我們人間因有「愛」才有「取捨」，有「取捨」才造種種業，受種種報。

做爲一位菩薩，因心地清淨，雖然處身在愛欲的環境之中，但是能夠覺察、明白，愛欲乃眾苦之因，既已清淨自心，即不受癡人愛所惑，故常能夠自在解脫。

優波離白佛言：「世尊。我不堪任彼問疾，所以者何？憶念昔者，有二比丘犯律行，以為恥，不敢問佛，來問我言：『唯！優波離，我等犯律，誠以為恥，不敢問佛，願解疑悔，得免斯咎。』我即為其如法解說。時維摩詰來謂我言：『唯！優波離，無重增此二比丘罪，當直除滅，勿擾其心。所以者何？彼罪性不在內、不在外、不在中間，如佛所說：心垢故眾生垢，心淨故眾生淨。心亦不在內、不在外、不在中間。如其心然，罪垢亦然，諸法亦然不出於如。如優波離，以心相得解脫時，寧有垢不。』我言：『不也。』維摩詰言：『一切眾生，心相無垢，亦復如是。唯優波離，妄想是垢，無妄想是淨；顛倒是垢，無顛倒是淨；取我是垢，不取我是淨。』」〈弟子品第三〉

這是一段故事，旨在說明應向內心做工夫。心中清淨，就不算是犯戒，也不可能犯戒，即使犯了戒，若能清淨其心，也沒有罪。犯戒之罪存於心，若心清淨，犯戒之罪也就不存在了。故事內容則是談到有二位比丘犯了戒，他們覺得非常羞恥，也不敢去向釋迦牟尼佛請示，只好向釋迦牟尼佛十大弟子之中持戒（律）第一的大律師——優波離尊者請教，要求優波離為他們照著戒律的開遮持犯，說明他們應如何悔罪。

罪有二種：一為戒罪，一為性罪。戒罪是凡受了戒的人，犯戒就有罪，但是如果如法懺悔，戒罪便可消除。所謂如法懺悔，如果是自我自心反省的懺悔叫「責心懺」；如果對另外某個清淨比丘懺悔，稱為「對首懺」；如果是向一個會議形式的僧團來懺悔，名為「作法懺」。懺悔之後，戒罪就消除了，可是戒罪消了，性罪還是存在的。

性罪是指造惡業的本性，就是有罪，不論受不受戒，都得受報。例如一個受了戒的人殺了人，是犯了戒，名為戒罪，但其殺人的行為本身就有性罪，戒罪加性罪，都要受果報。如果犯了戒，既不知慚愧，又不知如法懺悔，只好受報去了，這是很可怕的事。

此處《維摩經》裡講的除罪方法，就不太一樣了，維摩詰菩薩向優波離說：「唉！你就不要再增加那兩位比丘的罪過了，你應該直接讓他們的心清淨，他們的罪就除掉了。」爲什麼呢？因爲罪的性質不在心內，也不在心外，也不在中間。心外的意思是對人犯戒、對環境擾亂的犯行，心內則是自我產生煩惱、困擾。事實上，罪性是既不在心內，也不在心外，更不在心內、心外的中間的。因爲罪性本空由心造，心若清淨罪亦除。眾生心有煩惱垢，眾生心中即有犯戒作惡之罪，一旦眾生心垢除，煩惱垢亦除，故說「心垢故眾生垢，心淨故眾生淨」。因爲佛說，心中有不清淨的煩惱出現，這個眾生就是有罪業的；如果心已清淨，那麼這個眾生本身就是清淨的。這是因爲心與罪性一樣，是不在身內、不在身外、也不在內外的中間；罪性也與心相同，不在內外中間。

「不出於如」的「如」，是不垢不淨，本來如此的意思。《心經》中所說的「不生不滅、不垢不淨、不增不減」，既不這樣，又不那樣，就是「如」。「一切眾生，心相無垢……妄想是垢」，眾生因有妄想，所以就有犯罪的罪惡感，如果沒有妄想，心就清淨了。所以犯戒的人，用不著太煩惱，只要趕快把心中的煩惱處理掉，讓心清淨就沒事了，這是根本的辦法。

「顛倒是垢，無顛倒是淨」，顛倒的意思是指常、樂、我、淨。如果把我們的身心世界當成是永恆的，認爲那是快樂的，其中是有我的，並認爲那是清淨的，那就顛倒了。應該是要看到無常、苦、無我、不淨的眞實狀況，才是不顛倒。如果我們能從顛倒變爲不顛倒，心中自然是清淨的了。心中有煩惱，都是被「顛倒」所擾亂。《心經》中有「顛倒夢想」的經句，當認爲我們所看得到的這個身心世界，是常、樂、我、淨，就是顛倒想，只要有顛倒想，必定會有痛苦，一定不是清淨，反之，則是清淨。

「取我是垢，不取我是淨」，這個「我」分爲兩大層次：一個是我們自己身心世界的價值觀；另一個是對自己解脫自在的價值觀。不懂佛法的人，往往對身心世界是那麼的執著，那是一種「我」；懂得佛法並在修行佛法的人，則認爲涅槃成佛是那麼的重要，這又是對另外一種價值的執著，也是「我」，有我即不淨。

我常告訴跟著我修行的人說：「第一要放下自我，第二要放下追求成佛的念頭。」追求成佛是一個很好的目標，但已經進入修行的階段之後，就不要老是執著追求自己的目標，而是要時刻記住，照著方向去努力才是最重要的；不要老盯住目標、成果，須知此刻努力的過程就是目標，當下努力的付出就是結果，也就是要放下最後的追求。是故，佛法要我們放下的，第一是對我們身心世界的執著心，第二是對佛法成果的追求心。

三、菩薩如何調伏其心

文殊師利言：「居士！有疾菩薩，云何調伏其心？」〈文殊師利問疾品第五〉

「菩薩」有兩類：一類是凡夫菩薩，另一類是聖位菩薩。初地以前的菩薩，都是凡夫；初地以上的菩薩又叫法身大士，就是聖位的菩薩。我們在《維摩經》的〈文殊師利問疾品〉中看到「以一切眾生病，是故我病」，這個我是指維摩詰菩薩；「若一切眾生得不病者，則我病滅」，這是維摩詰居士所說。他是一位聖位菩薩，聖人菩薩本身並沒有病，但為度眾生，就要與眾生在一起；為了度眾生，而眾生有病，菩薩也就不能不現病相。沒有病是指放下，什麼都不罣礙的意思。

此處所說的「有疾菩薩」，指的是凡夫菩薩。凡夫發了菩提心，希望將來要成佛，就成為初發心的菩薩了。不過很重要的一點是，發心之後，務必要受菩薩戒。

菩薩如何「調伏其心」？這與《金剛經》所講的「降伏其心」，是同樣的意思。依據《維摩經》所說，則有如下的一段經文：

維摩詰言：「有疾菩薩，應作是念：今我此病，皆從前世妄想顛倒諸煩惱生，無有實法，誰受病者！所以者何？四大合故，假名為身；四大無主，身亦無我。又此病起，皆由著我，是故於我，不應生著。既知病本，即除我想及眾生想，當起法想。應作是念：但以眾法，合成此身，起唯法起，滅唯法滅。……設身有苦，念惡趣眾生，起大悲心；我既調伏，亦當調伏一切眾生。但除其病，而不除法；為斷病本，而教導之。何謂病本？謂有攀緣，從有攀緣，則為病本。」〈文殊師利問疾品第五〉

這段經文，介紹維摩詰居士回答文殊師利菩薩的問話而說：菩薩有病沒有關係，只要做這樣的觀想——我現在的病，是因爲過去世我有妄想的煩惱心，起顚倒想，而以無常爲常、以無我爲我、以不淨爲淨、以苦爲樂，故生煩惱。事實上病無實法，人以四大爲身，四大無主，身也非我，著四大爲我即生病，若不執我，即無病法，因此可知，並沒有眞正的病根，亦無無法治療的病法存在。既然沒有不變的、永遠的、實在的病「法」，又有誰是眞正的害病者呢？

「四大無主，身亦無我」，是說身體是由地、水、火、風的四大元素所組成，身體中的地大、水大、火大、風大等各個元素，剎那不停地在新陳代謝，並沒有一個實質不變的自我存在，身體裡沒有「我」，「身」當然就不是我。若能明白了四大合成的肉身之中，並沒有一個固定的主人，此身自然不是我，既然無我，即是解脫，也就沒有病法這樣東西了。

既知「病本」，是因執四大爲「我」，就要除「我想」，也要除「眾生想」。「我想」是主觀的我，「眾生想」是客觀的我。《金剛經》裡說到「無我相、無人相、無眾生相、無壽者相」的四相。事實上我相是主觀的自己，人相、眾生相是客觀的自己。很多人認爲這是我、這是你、那是他，其實講的都是我，因爲有「我」，才會看到你，見到他。所以可以這麼說，因爲有主觀的「我」，而知有客觀的單數你、他，和複數的眾生，因此，人及眾生，實爲客觀的我，那是「我」的一部分。如果不起我想，也不起眾生想，那就主觀及客觀的我，都不存在，就是「無我」了。

「當起法想」的「法」字有三種意思：一種是現象，稱爲事法界；另一種可以稱它爲本體，名爲理法界；第三種佛說的法義，稱爲達摩。此處的「法」字，是幻起幻滅的事法，即是諸法的現象，即是心理現象、物理現象、生理現象和社會現象等，也即是因緣生、因緣滅的因緣法，無差別相，也非統一相，而是非法非非法。那是說，不能叫它作法，也不能叫作不是法。這便是從現象法而體達無著、無我的實相法。這也是教人從現實的病苦，直觀諸法實相，即可無病。所以「應作是念：但以眾法，合成此身」即證實相、中道、無相而又無不相的不二法門。

至於「起唯法起，滅唯法滅」的兩句話，不是法有我無，而是暫有暫無，即有即無；身非常法，身病亦非常法，既是幻有，便不是真病。

以上所說的是觀照自身無我，「設身有苦，念惡趣眾生，起大悲心」，此三句是觀眾生受苦，起慈悲心。比起惡趣眾生所受之苦，自身所受者，便不能算苦了。當身體有了苦難的時候，很多人就會祈求救苦、救難、廣大靈感觀世音菩薩來救苦救難，這樣並沒有錯。但在《維摩經》裡，是希望我們要學觀世音菩薩，當自己有苦難臨身，要念惡趣眾生所受眾苦，願做救濟，願代其苦，則自身的苦感，隨即消失。所謂「惡趣」指的是地獄、餓鬼、傍生，他們的痛苦，尤其是地獄之苦，比我們苦得太多，我們再苦，還有間息的時段，無間地獄的眾生，是處處苦、時時苦，乃至不容有其他的念頭，只是連連不斷地受苦。

由此可知我們所受的身苦，其實不足爲苦。我們只要有些飢餓感便很難受，餓鬼道的眾生，卻是永遠處在飢餓狀態，而且什麼東西都無法下嚥。永遠餓火中燒，飲食入咽喉即起火，故稱「焰口」。傍生的下等動物，生命脆弱，弱者肉強者食，根本沒有安全的保障，與之相比，人身所受之苦，亦不足爲苦。當我們生起大悲心時，即會忘卻自身之苦。菩薩恆常慈悲眾生，所以是無苦無難又是救苦救難的大解脫者。

所以當自己遇到苦難時，不只祈求觀世音菩薩，更要想到自己身體的苦是小事情，還有更多苦難的眾生比我們更苦，應想辦法幫助他們，使他們得到救濟。一個人能忍苦耐勞，是因爲有責任感、使命感，以及助人之心；因此不論年紀多大，都還能繼續努力奉獻。身體有病的人，爲了助人的心願，也依然可以幫助他人；甚至還有重病的人，居然能夠幫助輕病的人。

「我既調伏，亦當調伏一切眾生」，這是說，當你自身的困難調伏之後，也應該幫助其他的一切眾生，去調伏他們的身心。

「但除其病，而不除法」，這句話是說，我們的煩惱病、我執病，應該要放下除去，但是因緣法、因果法、我們的身體，卻不必放下除去。從眾生的立場說，法身要借色身修，是故佛說人身難得。從菩薩的立場而言，爲度眾生，爲成正覺，仍須色身，借假修眞。眞正的菩薩是不會爲環境中的苦難所困擾的，自己在這世界中受苦受難，所以能爲眾生救苦救難。

什麼是「病」的根「本」呢？是攀緣。也就是凡夫經常心隨境轉，凡夫的心受環境裡的人、事、物所影響、牽連、困擾，稱爲「攀緣」，那就會有病產生。如能做到心如止水，又如明鏡，而且有求必應，則是除病不除法，也就是心靈環保的最高境界。

> 雖攝一切眾生而不愛著，是菩薩行；雖樂遠離而不依身心盡，是菩薩行。〈文殊師利問疾品第五〉

這兩句話是說，成就了眾生，心中應無所罣礙，不再放在心上。正因爲要度眾生，雖喜遠離煩惱的塵囂，仍不捨此幻化的身心；做過的功德、度過的眾生、成就了的事，雖有記憶，但不能有愛戀、貪戀、捨不得的存心，也就是有成就之實，而無成就的執著。如能攝一切眾生而不愛著，對得失現象的發生，心裡也不易產生任何的芥蒂。當門庭如車水馬龍時，不會得意神氣，當門可羅雀時，亦不會感到寂寞倒楣。

「雖樂遠離而不依身心盡」，這句話其實就是《心經》裡的「無老死，亦無老死盡，無無明，亦無無明盡」的意思。老死是身的老死，無明則是心的無明。也就是說，對於身體的生死不放在心上，但還在生死中度眾生。自己心中已無煩惱無明，但是仍在煩惱無明的眾生群中，普度眾生。

> 夫求法者，不著佛求，不著法求，不著眾求。……法名無染，若染於法，乃至涅槃，是則染著，非求法也。〈不思議品第六〉

今天的聽眾都是求法的菩薩，所以才來聽講佛法。可是聽佛法的人有兩類：一、是希望聽到佛法的道理、觀念、方法，然後回去寫書或轉告給他人。這樣好不好呢？很好，《法華經》以及一切所有經典，都鼓勵我們聽了法，乃至一句、一偈告訴他人，都有無量功德。二、是如此處，《維摩經》告訴我們的，求法的人和說法的人，應該不要以為有佛可求、有法可求、有僧眾可求。初機學佛的人，求佛加持、求法修道、求僧傳法；希望從僧學法，由修學佛法而成就佛道。這都是有執著而求三寶，也是正信學佛的正常心態。但是，如已到了心無罣礙的程度，心中無物，心外無相，自心清淨，心性本空，執著世間浮利虛名，身外之事物，固然是錯，縱然是佛教的根本，佛法僧三寶，也執著不得。正如臨濟義玄禪師云：「眞佛無形，眞法無相，……設求得者，皆是野狐精魅。」又云：「如眞學道人，並不取佛，不取菩薩羅漢。」甚至於說：「求佛求法，即是造地獄業。」其語重而心長，目的是為參禪求道的人去滯除縛。

「法名無染」的「法」字，指的是超越於世間有漏之我相的究竟法。例如《增一阿含經》第二卷〈廣演品〉有云：「夫正法者，由欲至無欲，離諸結縛與諸蓋病。」又於《分別功德論》第二卷云：「法者，謂無漏法、無欲法、道法、無爲法也。」本來，依據一般經論的解釋，「法」是梵文Dharma（達摩）義譯，有二義：一、「任持自性」，各有其自相與特性；二、「軌生物解」，各有軌範而生物解。那是對法相之法，所做的界定。此處《維摩經》的「法」義，是指無我、無相、無住、無著的大般若、大菩提、大涅槃的究竟心法。所以是「無染」無著，而又不落有無的。

「若染於法」的「染」字，是指執著有法可求，而被法的觀念所「染」著困擾，則反受其害。如認爲眞的有法可求可得，縱然求的是清淨寂靜的「涅槃」，也會由於心有所執而成爲「染」法，那就不是尋「求」正「法」的人了。

心靈環保的著手工夫，是從待人接物、日常生活的起心動念處隨時做起；心靈環保的過程，是從自私自利的自我身心觀照漸漸淨化，而至於無病無我的境界；心靈環保的最高層次，是從有法可求至於無求無染而又精進化世的佛的境界。

環保心語

我們先清淨自己的心之後，佛國的淨土自然出現眼前。否則環境雖好，若內心煩惱，縱然身處天堂，依舊苦如地獄。

（選自《修行在紅塵——維摩經六講》）

第三篇

生活的心靈環保

心靈健康四步驟

人的心境，往往會因爲受到環境的誘惑、刺激而產生情緒的波動，輕者覺得困擾，重者喪失自主的能力。如果有了心靈環保的措施，遇到狀況發生時，便可淺則保持平靜、穩定，深則自主、自在。

依據心靈環保的原則，每一個人都應該具備三個層面的修養，那就是保持身體、心理、精神的平衡與平常，通稱爲身、心、靈的健康。然而一般人僅在意自己的身體是否健康，卻忽略了心理是否健康，尤其會疏忽了保持平常心的精神修養。因此，在順境中尚能揮灑自如，似乎沒有不能克服的難題，一旦遇到逆境當前，便唉聲嘆氣，不知如何自處了。這必須透過「心靈環保」的修爲，才能做到「以平常心」來看待一切順境及逆境。

佛家強調因果觀念，所謂「種瓜得瓜、種豆得豆」；但是如果種瓜、種豆，不得其土，不順其時，不如其法，那麼種瓜未必能得瓜，種豆也未必能得豆。因爲，從「因」至「果」的過程中，尙須有其他條件配合，稱之爲「緣」。所以，事物的成敗，都必須「因、緣、果」三者具足。

「因果觀」必須配合「因緣論」，才是正確的現象論。從因到果，並沒有一定的必然性，個人主觀的因素固然重要，外在客觀的因緣能否如我們所希望的，也極爲重要，不論是自己的因素或外在的因素，都充滿了不確定性，因此，我們只能做最好的努力，也要做最壞的打算。否則，過分樂觀或過分悲觀，都不是成熟健康的心態。

如何培養這種成熟健康的心境呢？有四個步驟：

一、遇事要做正面的評估，避免做負面的預測。人生的旅途總是起起落落，「起」是前進的過程，即使是「落」，那也是人生另一種前進的過程。

二、要能逆向思考，如此才能勝而不驕，敗而不餒。當在成功的巓峰之際，便要有走向下坡的準備；當因爲失敗而跌落至谷底時，也要有攀登下個巔峰的願景。

三、凡事應當進退有度、收放自如。古人說：「達則兼善天下，窮則獨善其身。」也就是說如果一展抱負的機會來了，應該當仁不讓；萬一時運不濟，此路不通，就要養精蓄銳、候機待發。

四、不論成敗，都要抽離自我的私利與私欲，都要肩負起奉獻自我、利益眾生的責任。這便是一個有智慧、有慈悲的人了。

然而，如果你只在字面上理解，只知在道理上認同，心靈環保的力量不容易產生，必須輔以方法的練習，才能奏效；禪修就是相當有效的方法之一。剛開始時，可先練習放鬆身心，等到不再心猿意馬時，就可練習體驗身心的覺受；觀照自己呼吸的大小、長短、深淺、涼暖等感覺，這能讓內心平靜、安定、清明，若於此時忘卻身心的負擔，就能夠進入身心統一乃至身心與環境統一的境界了。禪修的最高境界，是超越對立及統一，那便是無我無相而又不離諸相的境界。

在這個境界中，你除了能夠掌控自己的身心，更能包容他人的缺點，尊重他人的優點，同時能夠感受到個人的小我，是不能脫離大環境而獨立存在的，個人是有限的，大環境是無限的。如果能再進一步放下身心，不執著環境，就能達到《金剛經》所說「無相」的境界，如此不但能適應各種狀況，而且只要是對眾生有利益的事，都能盡自己的力量去做，那就是《金剛經》所說的「應無所住而生其心」，也就是心靈環保的最高境界了。

（選自《人間世》，原篇名〈心靈環保〉）

環保心語

透過「心靈環保」的修為，才能做到「以平常心」來看待一切順境及逆境。

人間淨土的環保

心靈環保的意義

心靈環保其實很簡單，就是心理衛生、心理健康，如何使我們自己清淨、安定，進而影響協助他人生活愉快，這就是心靈環保的目的。「人間淨土」就是這個樣子。

人經常貪得無厭，貪不到就會憤怒，希望事事順利，稍微有點挫折，就造成心理衝突，對外在的環境產生一種抱怨，乃至於覺得環境、人、事、物都和自己過意不去，造成自己心裡更加痛苦和煩惱。

我們如果能時時刻刻注意心理的平靜，遇到任何不如意的時候，能夠回心轉意想一想，設身處地為他人想一下，他人的錯誤可能是很有道理的，即使是沒有道理的道理，也是一個道理。如何來解決問題，而不是彼此之間增加更多的問題、更多的困擾，這就是心靈環保。也就是時時刻刻從自己的心裡邊來安定、淨化，以期幫助自己過著平安、快樂的生活，同時也使他人過得很愉快。

環保日的意義

或許有人會問：法鼓山的「環保日」跟一般的「清潔日」有什麼不一樣呢？事實上，我們本來也叫「清潔日」，這是響應世界清潔日。但是，我們現在這個「環保日」比「清潔日」更進一步，「清潔日」本來就是把我們的環境打掃一下、清理一下，現在我們的環保，包括心靈的環保、自然的環保、禮儀環保以及環境的生活環保。

環保的推動是除了要我們知福惜福，資源回收、減少浪費外，還要把我們自己的心裡清掃一下。將清潔日跟心靈環保、禮儀環保、生活環保、社會環保、環境環保全部結合在一起，範圍會變大些、更深刻一點，所以叫作「環保日」。我們不是僅僅在這一天來做環保，其他的時間就不要做環保了。我們希望是以這個爲起點，然後天天都是清潔日，天天都是環保日，處處都是清潔處，處處都是環保處。

我們更希望其他的團體也能夠響應，將環保落實到每一個家庭裡，家家戶戶都來響應。我們不是都希望生活環境能夠更健康一些、更清淨一些、更美化一些，大家一起來參與，環境自然會更好。所以，不是僅僅法鼓山需要，也不是某一些人、某幾天需要清潔日，而是希望把它變成一個風氣，然後普遍地來持續推廣，這就是環保日的意義。

（選自《法鼓山的方向》）

改變心才能改變生活

我曾提出「心靈環保」這個名詞。當時因爲社會脫序，出現了許多的亂象，而環保人士一連串抗爭的結果，非但未能改善環境，反而使得環境更形惡化。因此我就提倡了「心靈環保」的運動，我深切地感受到，人心如果不能淨化，社會也就不可能得到淨化；人的內在心理環境若不保護，社會的自然環境也沒有辦法獲得適當的保護。這樣的一個觀念，當時獲得各方面的回響，並將相關的訪談和演講結集爲《心靈環保》一書。其間當然也聽到了一些不同的聲音，認爲「心靈環保」不切實際，是紙上談兵。

這幾年來，法鼓山已經將「心靈環保」落實延伸到「生活環保」、「禮儀環保」和「自然環保」。例如，提倡減少垃圾量、盡量不用不能腐爛的東西、能用的東西就「物盡其用」直到不能用為止等實際的「生活環保」行動。另外也將佛教界行之有年的「放生」觀念改為「護生」，進而擴大為自然生態的保護運動。當時這些觀念的宣導，現今都已可見到具體的成效，就拿環保餐具和購物袋來說，已獲得熱烈的響應，平常可以見到很多人在社會上使用。以下就「心靈環保」的意義分為三個子題來說明。

第一、「身口意」三業的清淨，就是環保的最高指導原則。談到「環保」，許多人的注意力都集中在「環境」的問題上面，其實，環境的問題都是由人所造作，自然的環境根本沒有問題。因為人的「身口意」三業不清淨，所以造成了環境的種種問題。反過來說，如果「身口意」三業能夠清淨，「環保」工作一定會做得非常好。

「身業」清淨是指身體的行為不但要做到「不殺生」、「不偷盜」、「不邪淫」，更積極的是「護生」和「布施」，以淨化我們的行為。

「口業」清淨是語言的行為「不妄語」、「不綺語」、「不兩舌」、「不惡口」，積極的更要以「誠實語」、「尊敬語」、「讚歎語」、「慰勉語」來跟他人互動。如果能淨化我們的口業，我們的環境裡就會減少很多的口舌是非。

「意業」的清淨就是「不貪欲」、「不瞋怒」、「不邪見」、「不多疑」、「不妒忌」、「不驚恐」，積極的則是能「少欲知足」、「懺悔業障」、「慈悲喜捨」、「感恩慚愧」，以智慧來幫助自己，用慈心來利益他人。

以上所說的三業如果能夠清淨，即能產生環保的功能，也才能夠眞正地從破壞變成建設，從罪惡轉爲修福。

第二、環保的起步是「環保觀念」的建立。如前所言環保工作宜有四類：「心靈環保」、「生活環保」、「禮儀環保」和「自然環保」。心靈環保就是上述的意業清淨，生活環保就是少欲知足、儉樸、寧靜、整齊和清潔，這也是佛教徒和寺院的生活原則。所以過去雖然沒有「環保」這個名詞，但是佛教徒在生活上早就在實踐了。「禮儀環保」是指人和人之間互相的尊敬和禮讓。佛教徒重視禮節，彼此之間不會爭先恐後、你爭我奪，相見時彼此合掌問候就是最好的禮儀環保的具體表現。至於「自然環保」，佛教徒最愛惜大自然環境，特別是十分珍惜森林和水資源，因爲那是修行時憑藉的重要設施和資糧。現在雖然有一些佛教徒濫砍、濫建和濫用水資源的事件，那也是由於道場的建設必須仰賴建築商的技術，現代推土機、開山機和怪手的破壞力，又遠勝於傳統工具的鐵鍬和鋤頭。鑑於上述的教訓，我們開發法鼓山就秉持著這樣的信念：盡量保持原有的地形風貌，也就是重視自然環境的保護。

還有，大家常常聽到「環保意識」這個名詞，所謂「環保意識」意指保護生命的安全，維護生活的品質和保障生存的空間。佛教徒不僅是「人人平等」，而且主張「眾生平等」。除了重視人的生命，對於其他動物的生命也同等尊重。通常人難免都會有私心，自己的小孩和別人的小孩一起溺水，最先搶救的一定是自己的孩子。自己的生命、自己親人的生命放在第一，然後依序是自己的國（族）人……，再及於所有人類。幾乎很少想到如果能夠擴大關懷的範圍，不但保護了一切眾生生命的安全，在其中自然也包含著保障了自身生命安全。

談到「生存空間」。有些已開發中的國家認爲乳牛及肉的養殖業會污染自然環境，於是就到南美洲去砍伐雨林、開發牧場，結果造成了全球氣溫失調，全世界包括這些國家在內都深受其害。佛教徒的想法則是：「自己要活的好，他人也要活的好；人類要有好的生存空間，動物也要有好的生存空間。」環保的觀念著眼處一定要從眾生全體的生活環境來做考量，也可以說「環境保護」的基礎在於「心靈環保」。

第三、心靈環保的積極作法就是「淨化社會、淨化人心」。現在臺灣的社會呈現許多怪現象，「男盜女娼」不稀奇，「女盜男娼」也很平常。強盜、小偷、盜賊和綁匪，在過去是絕對有區分的，現在則已變成同一類人的不同手段了。在過去通常是「飢寒起盜心」，也就是窮極了，才會產生偷他人財物的念頭。現在那些做奸犯科的人，並不是因爲物質的匱乏而需要去偷去搶，只是心裡有錯誤的觀念，認爲「偷」、「搶」沒有錯，「不偷」、「不搶」反而是錯的。

目前臺灣社會的「白道和黑道」就像「陽間和陰間」，形成了兩個對比的世界。直到專造黑業的陰間人進了監牢，或許才有機會聽聞到一點點的佛法。所以我們淨化人心的工作要非常努力地去做。就舉「反毒運動」爲例，吸毒人的戒毒容易，心理上的癮卻比身體上的癮更難戒除。這也可以證明一定要先淨化人心，社會風氣才能改變，也才能夠遏止因爲人的貪婪和無知所造成的環境破壞。

我一再地呼籲「佛教徒要慈悲，不要破壞自然環境」。而不破壞自然環境的第一步就是「垃圾減量」，這是大家都可以做得到的。再來說到「家庭環境」的關鍵在於夫妻之間，社會環境的問題則起於人與人之間，都是心理上的、觀念上的問題。如果一個佛教徒用慈悲心爲人著想，以尊敬心去尊重他人，就沒有外遇、離婚和爭名奪利這些問題了。

就個人身體健康而言，很多人沒有節制地從事各種糟蹋自己身體的活動，過量地吃、喝，甚至有了太太還要有同居人、女朋友，這不僅是造成了家庭問題，同時也在危害自己的健康。在吃的方面，有人說吃腦補腦、吃肝補肝，如果這個理論成立，那麼吃多了豬心、牛肝，久而久之不就「人不成人」了嗎？

上述即是因爲錯誤的觀念造成的惡習，進而殘害了我們的身心。《維摩詰經》有一句話「其心淨則國土淨」，釋迦牟尼佛以腳按地，讓人看到這個世界即是淨土；佛眼中的淨土在我們凡夫眼裡，就成了充滿災禍、苦難的五濁惡世。我們到佛的出生地及遊化地印度、尼泊爾朝聖時，看到佛當時說法的「靈鷲山」滿山都是牛，滿路都是牛糞，當下也只能做「龍」、「象」的觀想，因爲我們還是眾生、還是凡夫，不能夠體會到佛所體會的境界。

很多經典裡面都說「心、佛、眾生三無差別」，眾生的心即是佛的心，佛的心即是眾生的心，諸佛是眾生心裡的佛，眾生則是諸佛心中的眾生。從另外一個角度來講，在佛的眼裡眾生都是未來的佛，而在眾生的眼裡，佛也不過是眾生。所以佛才會說「心淨則國土淨」，心如果不安定、不清淨，看這個世界就不可能清淨、安定。佛眼看到的人間就是淨土，菩薩看到的人間就是度化眾生的道場，菩薩在眾生的世界做自利利他的工作，也就是「慈航普度」，以佛法的慈航度過了眾生煩惱的苦海。解脫和超度並不是指死後才做的佛事。只要智慧增加了一些，煩惱減少了一些，就可以說是部分的超度、解脫。

佛法又稱爲「內學」、「內明」；內明即「智」，以智慧消除煩惱就叫「超度」，也即是出離苦海而到達解脫的層次。相反的，我們稱世間的學問爲「外學」，因爲世人都想在心外求法、心外求道，從心外去追求幸福平安的保障。在佛法來說，這些都是不可靠的，《金剛經》如此形容：「一切有爲法，如夢幻泡影，如露亦如電，應作如是觀。」因此只有將內在的「貪、瞋、癡」三毒止息以後，才能眞的得到自在、自由和安全、安定。

若想要止息三毒則須藉助「戒、定、慧」的三無漏學，這也是必須從內心世界著手去做。所以，淨化社會、淨化人心，一定要從自己的「內心」開始，也就是從個人主觀、自我的心開始。只要個人主觀、自我的心不再煩惱，那麼客觀的環境雖然不清淨，自己的心裡還是能夠保持平安。「十字街頭好參禪」、「心靜自然涼」，說的也就是同樣的道理。總而言之，無論你的心理或是身體對外境有什麼感覺、反應，你就是守住「平常心」，保持「不憂不喜」、「不迎不拒」、「不貪不瞋」、「不嫉不妒」、「不疑不懼」的心，就會平安、平靜和平衡。

（選自《致詞》，原篇名〈心靈環保〉）

環保心語

所謂「環保意識」意指保護生命的安全，維護生活的品質和保障生存的空間。佛教徒不僅是「人人平等」，而且主張「眾生平等」。

立定方向做環保

「心靈環保」的意思是指對環境衛生的保護，以及人類生存空間的維護。爲什麼要講「心靈環保」呢？因爲環境的污染是由人造成的，「環境」本身不會製造任何污染，植物或礦物也不會爲人類環境帶來污染。唯有人類會製造髒亂，不但污染物質環境更是污染精神環境，從語言、文字、符號，種種形象以及各種思想觀念等都會爲人類的心靈帶來傷害。物質環境的污染不離人爲，而人爲又離不開人的「心靈」。如果人們的「心靈」清潔，則我們的物質環境不會受到污染。因此，我們討論環境的污染，就必須從根源著手，也就是要從「心靈」開始。

「心靈環保」雖然是新名詞，但是我們中國自古以來講「仁」、

「義」、「愛」等，都屬於此一範圍。佛教講「慈悲」、「智慧」也屬此範疇。西方宗教提倡「博愛」亦不離「心靈環保」。因此，欲使國家社會富強康樂，必先建設「人心」。如何建設呢？

以下就我個人在佛法上及生活上的體認，做一番介紹。

一、要有方向感

所謂「方向感」是指「立志」，佛教名詞是「發願」。「立志」是要有大目標，可是大目標會因時空的遷移而逐漸遞減乃至消失。人們自幼都胸懷大志，總是期待自己將來會成爲什麼樣的人，要做什麼樣的事業。然而，往往在小學時代所立的「志願」，一進入中學便有所變動，如是從小學到大學，縱然已踏入社會，也一樣變化多端。請問諸位長官：「當你們念小學時，是不是已計畫將來要進入貴政治作戰學校念書？是不是長大以後要當軍人呢？」或許有些人一開始就擁有這種心願，然而這種人畢竟不多，大部分的人都是隨著年齡的增長，環境的變遷，慢慢的促使自己走向這一條路上來的。由此可見，人先要有方向感，但是「目標」不一定要馬上建立起來。「方向」也可以說是做爲一個人的基礎，從基礎點上一步步地往未來邁進。「方向」也是指盡自己的心力、體力，處處運用種種的資源、時時學習成長，只要是對社會、國家、世界有利之事，就要全力以赴，這就是「大方向」。

其實大方向沒有一定的目標，反而能成其爲最大且是無限大的目標。如果僅設定一個目標，結果可能會很痛苦。什麼道理呢？例如：參加大學聯考時，會塡寫第一、第二、第三志願，以防第一志願沒有考取時，可退而求其次，念第二志願的學校，乃至第三、第四的志願，這樣作法，是正確的。有些人一心一意鎖定非考取第一志願不可，如果沒考上，連第二志願也不願念。有這分志氣固然很好，或許可依靠自己的努力而如願以償，可是，有些人根本是進不了校門。基於此，我們如果能運用一句俗諺「騎馬找馬」，似乎比較妥當，縱然一時之間找不到良駒，能有一匹跛腳馬應急，也是不錯。有了這種心理準備，就是考不上理想中的學校，至少不會那麼痛不欲生。

二、邁向方向的過程須假以努力

我們在朝向「方向」的過程中是必須加以努力的，因爲在每一步的前進中，隨時會遇到「山窮水盡」、「柳暗花明」的現象，但是，「山窮水盡」並不等於無路可走，「柳暗花明」也不意味著永遠有好的前程在前面等著。我們一路往前走就好比登山，時而康莊大道，時而羊腸小徑，忽而遍處荊棘，或臨懸崖絕壁，忽而又置身於賞心悅目的自然美景中。登山未必一直往上攀爬，有時是「迂迴曲折」，有上也有下，最後才抵達峰頂。在這一切的過程之中，不可否認，我們都必須仰賴因緣的促成。

有人說：「種瓜得瓜，種豆得豆。」請問：種瓜是不是一定會得瓜呢？如果將「瓜」的種子播種在沙漠裡，且得不到雨水的滋潤，其後果如何？想必大家都很清楚。記得在屛東大橋下有一條溪流，非常適合種植西瓜，有一年，豐收在望，不料在一夕之間由於颱風的肆虐，前功盡棄，如此辛勤種瓜，結果是無瓜可得。那麼，種豆是否得豆呢？也是同樣的道理。不過，我們要明瞭一項事實：要想有瓜收成，有豆享用，一定要種瓜種豆，不事種植，僅盼坐享其成者，不合天理。或許有人會相信「有因一定有果」不是事實，於是說：「因果」並不可靠。

其實，「果」一定是從「因」而來的，可是從「因」到「果」的過程裡，必然要有許多的條件因素加以配合，佛教稱之爲「緣」。也就是指主要的條件加上環境、時間，他人及自己的配合，此即所謂「天時地利人和」。如果因緣不具足、不成熟，強求也是求之不得。例如：種瓜若非風調雨順，又懂得種瓜的種種技術，深耕淺栽，澆水施肥、除草培土等的條件，從種子、瓜苗至開花結果，都必須有一番成長的經歷及照顧，才能有好的收成，這些都須配合各種的條件因素再加上自己的努力，最後才有好的結果。

在人生的過程之中也如同種瓜，我們很難掌握自己的命運，所以，人在世間須「盡其在我」，本著「只問耕耘，不問收穫」的信念，不斷地向前努力、再努力。努力的階段就是在成長自己。在成長自己的同時更要時時考慮到利益他人。

如果自己沒有得到甜美的果實，而由他人獲得，我們也要以感同身受的心情爲對方感到高興、欣喜、慶祝，這豈不是另一份的喜悅嗎？所以，「因果」的過程一定要有「因緣」的配合。

三、爭取及奉獻

現在有很多的民意代表在競選中做政見發表時，口口聲聲說「願爲民奉獻」，以此口號來取得選票，骨子裡是以「奉獻」爲口號而以個人爭取權勢名位爲目標。社會上眞正有理想、有抱負、肯爲全民福祉而奉獻服務的大政治家，的確不多。然而能提出這一句口號的人，也算不錯，起碼能說一句「奉獻」，至少他必須去兌現他自己在政見會上發表的諾言；可是，如果競選落榜，也是一件非常痛苦的事。

最近有一位臺北市選出的國大代表，參加我主持的禪修營時對我說：「世界怎麼變得這麼美好！能來參加禪修營是如此地自然，又如此地自由自在，可是禪修營中的生活卻如此地辛苦。」我問：「你在競選國大代表時的感受如何？」他回答：「哦！很忙，很累。」我再問：「是不是被打得頭破血流？」他說：「啊！還好！現在我還健在。」這表示他如何地在緊張、忙碌之下爭取這項公職，付出努力的代價是多麼地大。我又問他：「爭取得到之後，你究竟要做什麼？」他說：「更忙，更覺得自己的責任重大。」這是一位很好的國大代表，才有這樣的觀念。

如果僅為爭取而爭取，動不動就揚言「奉獻」，這不但欺人且又騙己。反之，能以奉獻為出發點，奉獻的本身就是目標，至於是否能獲得回饋，根本不放在心上，這種觀點，和我剛才提到的，種瓜未必得瓜的道理是相通的。

再談奉獻對自己是否有好處？表面上看奉獻，好像自己很吃了虧，將自己所擁有的，奉獻給大眾，到頭來，大眾究竟能給你回報什麼？自己付出那麼多，結果豈不是白忙一場什麼也沒有得到！如果有這感受時，就要反轉念頭，應該如此想：人，本來就是要奉獻，奉獻就是我來這世間的目的，我的奉獻，並不表示我想得到什麼。我的生活目標就是為了奉獻，我不想得到什麼。因此，當我能奉獻別人時，我感覺到自己很快樂、很滿足。奉獻之後，別人不懂得回饋，我不必覺得難過或指責對方不好，因爲我只是完成我自己應該做的工作而已。我不但在奉獻中自我成長，也在成長中不斷地奉獻。我能奉獻，表示我已擁有。奉獻我的體力、心力、智慧力和財力。能奉獻且以奉獻爲目標，則時時生活在充實的愉悅之中。其實，奉獻的本身就是一種回饋。

還有，我們對「實至名歸」這句話也要有所了解，例如剛才貴校校長鄧祖琳將軍的介紹辭中，說我歷年來獲得一些榮譽的獎項，其實這都是國家社會頒給我的，是不是給我的回饋呢？可以說是，也可以說不是，爲什麼？因爲我始終都沒有希望要得獎的念頭，可是「獎」是自然而至；對我而言，只是做了我該做的事，如果將已做過的事放在心上，老是爲是否得獎而憂慮或期待，得獎時就會欣喜若狂，那不得獎是否要垂頭喪氣，乃至從此以後就不願再做任何事了呢？

事實上這些想法都是錯的，我不必爲自己獲頒某種獎項而感到欣慰，可是，我卻爲我們的社會感到歡喜，爲什麼？因爲得獎不是我個人的事，而是整個社會環境與風氣給予我們這麼一個機會，讓我們來奉獻，甚至因此而獲頒獎。能得到頒獎，也不是靠我一個人的力量，乃是有一群和我的理念相契的人，大家共同攜手分工合作，為我們的社會付出，而我僅僅是代表這一群人來接受獎勵，如此而已。也可以說：是因緣促成。所以我要說：「奉獻不必要有目的，回饋是一定有的。」一般人是用爭取獎項來做為努力的出發點；賢者與智者，當以「奉獻自我」做為努力的原動力。如此，我們的一生，將會是「萬事如意」。

四、以利他的存心，達成自利的目的

以利他的存心來達成自利的目的。這與前面所提到的「奉獻」，有異曲同工之妙。凡是人，都希望自己有所成就，有所成長，有一番大事業、有財富、有名望、有地位……等，這些期望誠屬正常。人一定是慢慢成長，成長後再為社會提供「奉獻」。所以一般人都以自利來幫助他人，以自利來參與社會。譬如：公司想賺錢，於是就提出「要為大眾服務並奉獻公司的成果，將成果與社會大眾共同分享」的理念。請問：提出這樣的說明所爲何事？說穿了還不是爲了公司的利潤。反之，以自利利人爲出發點，公司可成長得更快，縱然是因緣不成熟而不能稱心如意的成長，也不見得是白費力氣，因爲目的無非是爲了利他。

現今的社會，有許多問題。昨天，我在中壢主持一場由工、商、政、教、企業界負責人等約五、六十位，組成的企業界座談會，由我主講主答。其中一位企業界的老闆問我：「目前的社會，都是以利當頭，我們的公司，想從事研究發展，以便推出新的產品和技術，可惜我們所培養的人，尚未完成研究工作，就已被其他公司以高薪挖走，而且都在祕密中進行，讓我頗覺寒心，更不知是否要繼續培養研究人才？請法師慈悲指示。」我回答：「這不是很好嗎？貴公司不是爲了社會國家嗎？貴公司辛苦所培養的人才，由別的公司運用，也是一樣爲社會國家奉獻出一份力量。」他又問：「是啊！不過如此一來，我的公司就很倒楣，我不得不考慮這種投資是否值得？」我說：「値得呀！不過要如何留住人，不會楚才晉用，人才不外流，這些都須靠貴公司同仁之間共同努力，你不妨從貴公司的理念、制度，重新加強建立，或許可留下人才。」

如果我們以利他爲目的，縱然是發現有人要離開，或沒有如你所想要獲得預期的東西時，在這個時候就不會頹喪、灰心或以爲是失敗。其實失敗是成功之母，失敗也是一種過程，失敗的本身就是一種成長，所謂：「不經一事，不長一智。」世界上沒有不失敗的事，跌倒並不等於失敗，乃是經驗。我常常告訴我的弟子，要學「不倒翁」，隨倒隨起，連倒連起。倒下以後，馬上站起來，此處不能站，退一步也可以站，甚至轉一個圈也可以站，所謂「山不轉路轉」，山不動，人要動。如此，我們的命運自然可轉變。

五、從整體大局著眼，從個人的成長著手

佛教常說，無限、無量、無數或恆河沙數，地藏菩薩的願心是：「地獄不空，誓不成佛。」「眾生有盡，我願無窮。」地藏菩薩的救世心願是沒有窮盡的，他是放眼於永恆無盡的無量眾生，不爲個人。從時間上來說是永恆

的，從空間上而言是無限、無邊際的，如果凡事都能爲他人考量，則自己內心的煩惱必然愈來愈少，相對的也愈能獲得他人的尊崇，或許你在團體中毫不出色，可是能替他人設想考量，縱然不能成爲領導者，此人在團體裡必定受到每一個分子所尊敬。

記得某校有一位校工，數十年來都是以校爲家，對待學校裡的學童，都將他們視爲自己的小孩來疼愛，雖然他沒有結婚，可是他的孩子比誰都多，凡是該校的畢業生，都把他當成自己的親人那般地愛戴。

有一位在麻瘋病院的女士，自從二十多歲住進該院至今已五十多歲，她沒有結婚，一日突然帶她的孫子來農禪寺，我很訝異地問：「你什麼時候有這麼一位可愛的孫子呢？」她說：「很久了。」我又問：「哦！是誰生的呢？」她回答：「當然是我兒子生的。」我疑惑的問：「你不是沒有結婚嗎？」她說：「是啊！」我再問：「既然未婚哪來的兒、孫？」她告訴我：「師父，這其中有一段小故事：他的父親從小就是孤兒，我一直照顧他長大，後來就叫我媽媽，他生的孩子當然叫我祖母。」這麼一位沒有結婚的麻瘋病患，擁有數位孫子，一直覺得很安慰。她以前是爲兒子付出，現在又爲孫子付出，每月僅以微薄的收入爲孩子做衣服等，她總是想到別人，從不爲自己著想。我問她：「將來怎麼辦？」她說：「我不想將來會如何？只要現在過得很愉快就好。」我進一步問：「可是，萬一小孩將來不照顧妳……。」她樂觀的說：「我從不想這些事，我只想如何照顧他們就好，反正死後，總會有人料理我。」這種觀念眞令人感動。

由此可知，我們在社會上或在團體裡，哪怕是沒沒無聞、微不足道的人，也可以爲全體想，爲他人想；能做到少爲自己想，生活一定過得很充實很愉快，且會終生感到很安全。

有些人總覺得自己不安全，爲什麼不安全呢？沒有金錢、沒有背景、沒有人事……等，因此，挖空心思，絞盡腦汁設法「爭取」，爭取到最後，終究還是雙手空空地走了。何不多想一些「如何爲全體奉獻」，能如此想，才是安全之道。今日的臺灣，沒聽說有餓死的人，或死後無人掩埋的事。所以也有人問：「法師，您死後怎麼辦？」我回答：「一定有人來替我收屍。」

又問：「萬一沒有怎麼辦？」我說：「也沒有關係，或者有螞蟻或者有其他的蟲類會拿我做窩、把我當做食物，這不是很好嗎？」或許有人會說：「落到這種下場實在很悲慘！」其實也沒什麼好悲慘的，死了就死了，根本沒有事。

六、以慈悲包容人，以智慧處理事

對於人，我們一定要以慈悲心來關懷、體諒、幫助。世界上只有壞事，沒有壞人，人做壞事，並不代表此人就是壞人。一般人的觀念總是認爲搶劫、綁票、強暴、縱火的都是壞人。但是，往往「大壞人」只壞一次就沒有機會再壞。在做壞事之前，是好人，做了一次大壞事，被捉、破案、坐牢、判刑，最後可能被槍斃。我們也看到很多惡人被槍斃前說：「請大家不要學我，我做錯了事，對不起社會，對不起父母、兒女，希望我的下一代不要學我。」唉！「人之將死，其言也善。」邪惡之人怎會天良發現而好話連篇呢？其實這些人並不壞，只不過一時糊塗做了一件壞事，所以，我們要以慈悲心包容所有的人，夫婦、同事之間，乃至社會上形形色色的人，都要互相包容彼此體諒。

當然，我們也不能因爲要包容人而變成濫好人、變成鄉愿或沒有原則的人，對任何事都唯唯諾諾，什麼都好。事情是要以智慧來處理的。

曾經有人問我說：「如果有一位殺人犯，越獄逃走，結果身中一槍逃到農禪寺，師父！您如何處理？」我說：「我不考慮他是不是殺人犯或是從監獄逃脫出來，先送醫要緊，如果他不願到醫院，可以請醫生來出診，以人命爲先。至於他到底做了什麼壞事，暫且不予理會。萬一警察找上門來問說，是否有這麼一個人逗留在寺院裡？我一定說有，爲什麼？因爲事實上就有這麼一個人在，我不能說沒有。也不考慮他被捉回去是否被槍斃的問題。當然，如果能有機會讓他悔過自新，是最好不過的事，在法律上如有這種機會，見死不救，就是沒有慈悲。」

所以，我們是要以智慧來處理事情。所謂智慧，是包含常情與常理。常情、常理該怎麼做，就依照常情、常理去做。

最後祝福大家萬事如意，身心健康。

（選自《禪門》，原篇名〈心靈環保〉）

環保心語

失敗是成功之母，失敗也是一種過程，失敗的本身就是一種成長，所謂：「不經一事，不長一智。」世界上沒有不失敗的事，跌倒並不等於失敗，乃是經驗。

知福惜福最幸福

除了少數的人，恐怕連「環保」這個名詞與觀念，都還沒有建立起來之外，多半的人都知道環保這個名詞，並且知道我們生存的環境已經有了問題。透過各種各類的訊息，我們知道臺灣的環境污染非常嚴重，生活環境的品質也愈來愈差。人爲的開發使得自然環境遭到嚴重的破壞，人爲的享受使得生活環境受到嚴重的污染。

雖然人們也都嚴厲地批評污染環境的因素，但是幾乎沒有人眞正用自己的手或生活方式，來改善、減少對環境的污染。大家只知道盡量想辦法來使自己便利，或許自己也會因而受到災害，但是一時間也顧不得這個問題，只想到便利就好。

譬如農牧的不當開發，在過去，種田的人用的是天然堆肥，人工除草、驅蟲，不太可能有機會污染環境；但現在的農牧方式不一樣，多使用農藥，造成很多麻煩。農牧當中，最大的污染源來自養豬戶所清除的污物，而水資源最嚴重的污染就是農藥，種菜時所使用的農藥對土地也是一種污染。我們現在吃到的一些肥美碩大的蔬菜、水果，街上買到的一些豬肉，實際上都是從污染的環境中開發出來的產品。

愛護環境要知行合一

很多人都知道要愛護環境，可是眞的自己著手去保護環境的人卻少之又少。工商業的生產一定要有環保設施，不然工廠排出了未經過污水處理的廢水，就會污染河川。而種植農產品所使用的農藥也同樣會污染水資源。過去許多圳、溪、河內，有許多野生的魚蝦，現在漸漸看不到了。還有吃素的人很喜歡吃的海邊生產的海藻類，如紅毛苔，現在的產量不僅愈來愈少，而且也受到了污染，可能含有毒素，吃素的人很可能也因此吃進了有毒食物。

像這種情形，人們儘管也知道要保護環境，但就是不知道如何由自己做起。在日常生活中，浪費的情形也非常嚴重，譬如塑膠袋的使用，買幾塊錢的東西就拿一個塑膠袋，甚至多拿幾個帶回家用。塑膠袋固然很方便，可是它永遠不會腐爛，燃燒時更會產生毒氣，污染我們的生活環境。在過去都是用報紙，或者是用芋頭、美人蕉等植物的葉子來包裝物品，根本不會有污染的問題。

每個家庭的垃圾製造量也非常可觀，東西並沒有完全用盡或用壞就把它丟棄，於是變成了垃圾。垃圾一丟出來，就變成污染源。一有新產品出來，稍微舊一點的用品就把它丟了，這些舊物品也就變成了污染環境的垃圾。過去的垃圾可變成堆肥，滋養農作物，現在的垃圾有很多是萬年不化的塑膠製品，而且有很多的化學物質，會傷害農作物。

一粥一飯，當思來處不易

在我年輕時期的臺灣，一般人所使用的交通工具，是腳踏車、三輪車，運送貨物則用板車、牛車，所以，不會像現在的交通工具如汽、機車一樣，因爲使用汽油的緣故而有空氣污染的問題。夏天，爲了驅散暑氣，最常用的是蒲扇、葵扇、奢侈一點的，也只用電扇而已，因此，不會有冷氣機所排放出來的熱氣，當然也沒有冷媒之類的東西來破壞大氣層。那時，衣服穿破了，補一補還可以再穿。第一個孩子的童裝，可以給第二個，乃至於給第三個孩子再穿。當時盛行的一句話是「新三年、舊三年，縫縫補補又三年。」而且對於食物也格外珍惜，常以《朱子家訓》的格言：「一粥一飯，當思來處不易。」來告諭子弟，不能任意糟蹋。不僅吃剩的食物不會丟棄，甚至已經發酵發臭的食物，洗一洗、曬一曬，再煮來吃，腸胃照樣太平無事。

那個時期的臺灣，垃圾很少，甚至可以說，根本沒有任何東西可以變成永久的垃圾。現在的臺灣，垃圾量卻愈來愈多，每年只有增加，沒有減少，不僅浪費自然資源，也增加污染源。

因此，法鼓山平時就盡量減少資源的浪費，並且不斷地重複使用，然後改變方式再利用。譬如，洗米水可以洗碗筷，也可做爲灌溉水。我們的碗筷，幾乎沒有油漬，少許的菜油都是和著開水，再當作湯汁喝下去，所以碗是乾乾淨淨的。如果還有殘餘一點點油漬，就用洗米水洗乾淨。於是一桶水變成了洗米水，洗米水變成了洗碗水，洗碗水又變成了灌溉水。一物數用，非但能節約資源，同時還能保護環境。此外，除非信眾自己帶了塑膠袋來到寺裡，否則，我們很少使用塑膠袋。

知福惜福才能做心靈環保

我們應該做好「心靈環保」。物質環境的保護，只能治標，不能治本；心靈環保則從人心淨化的根本做起，也唯有如此，才能正本清源。從心靈的環保做起，我們才會心甘情願，自發性地減少浪費自然資源，而不會只要求他人該如何；並且會覺得是一種享受，而不是犧牲，這就是「知福惜福」。

所謂「心靈環保」是說，因爲我們的心被污染，以至於環境也被污染；假使我們的心不受污染，環境也會跟著不受污染。因爲心靈是指揮身體的，我們的行爲是和心連在一起的，每一個人心念的改變，就能改變一個人、一個家庭，甚至一個社會，所以，心念的改變才是最重要的。

「環境」本身不會製造髒亂，植物或礦物也不會爲人類的生活環境帶來污染，唯有人類才會製造髒亂。不但污染物質環境，更是污染精神環境，從語言、文字、符號，種種形象以及各種思想、觀念等，都會爲人類的心靈帶來創傷與污染。物質環境的污染不離人爲，而人爲又離不開人的「心」。如果人「心」潔淨，我們的物質環境絕對不受污染。因此，討論環境的污染，就必須從根源著手，也就是我一再強調與倡導的「心靈環保」。

（選自《是非要溫柔》）

環保心語

物質環境的保護，只能治標，不能治本；心靈環保則從人心淨化的根本做起，也唯有如此，才能正本清源。

珍惜現有的福報

環保的問題要徹底解決，必須從我們的日常生活簡單化、淳樸化著手，除了必須要用的，不要多用，更不要浪費。對我們擁有的生活環境，要知福惜福，愛護保護，不要任意浪費、破壞。現代人多半浪費成習，尚未用完或用壞就扔掉，雖然是用自己的錢買的，但是浪費了東西，就浪費了地球上全民共同的資源。地球上很多的資源是愈來愈少，只有人類的數量是愈來愈多。如不設法淨化人類的心靈、簡化人類的生活，而只管一味地提倡環保，無異是本末倒置、癡人說夢！

人的福報有一定的限量，這一生的福報如果提早用完，下半輩子就沒有福報了。如同餓鬼，有食物吃不得、有水不能喝，這就是因果報應。佛法講因果、福報，就是心靈的環保。所謂「因果」，是指我們現在所作所爲與將來所得到的結果息息相關。也許是自己的這一生，也許是下一生，也許是後代子孫，會受到果報。我們一定要珍惜現有的福報，同時要爲來生培養更多的福報。

臺灣的人太幸福了，物質條件非常豐富，而且因爲頭腦好，也使得物質更豐富，可以更便利地做事，這是臺灣人民的福報。但這樣的福報也爲臺灣的未來帶來災難，例如，水資源立即就會出現危機。

現在不珍惜，子孫會遭殃

這不是故意危言聳聽，二十年後，臺灣的飲用水如果不是要由國外進口，就是得將海水變成淡水。而天上降下來的雨是酸雨，不能取用。雨降到地面上，但地面上盡是農藥，一樣不能用。地下水枯竭，使得臺灣這個美麗的海島，雖然常常下雨，卻變成了沙漠。

因此，如果現在不好好珍惜水資源，保護水資源，二十年後的水還能不能喝，是個大問題。

在我們生活環境四周，放眼望去盡是垃圾，縱然是棄之於山谷中，還是垃圾。而丟到海裡的垃圾，其中有一些不會漂流到很遠的地方去，還是會被海浪沖回岸邊，遺留在我們的島上，污染我們的環境。

所以，我們今天如果不及時剎車與調整生活觀念、生活方式，我相信，五百年後的地球，可能到處都是垃圾山，所有的人類可能都會害皮膚病。但是，我們若能及時回頭，愛護環境，人人有心、人人努力，未來的災禍並非不能挽救，人間淨土也不是夢境一場。

解決環境問題的對策

如何解決環境問題？我認爲應該有四個方面的對策。

第一，是政府的政策制定與執行。由於政府的政策與經濟開發有關，如農牧的開發、工業的開發，然而經濟的成長和環境的破壞是成正比的；所以，政府擬定政策的同時，要考慮到讓環保政策與經濟政策平行發展，多加強一些環境的保護，少賺一點錢。寧可讓經濟成長緩慢些，一定要讓環境的保護與改善快一點。

第二，在日常生活觀念上，人人要養成節省、惜福的習慣。不能因爲錢多，就拚命用；不要因爲物質非常容易取得，就認爲取之不盡、用之不竭而任意揮霍。要知道，這是在製造更多的污染和浪費資源。事實上，我們每天都將許多珍貴的自然資源，糟蹋成爲破壞環境衛生的垃圾。

人身上有皮膚、血、肉與骨骼，地球也一樣有血、有肉、有骨骼。我們使用自然資源，等於是把地球的骨骼一塊塊取來用，把血液一桶桶抽來用。抽多了，地球會貧血，沒有血便會死亡。那時，地球就成爲一個無生命的、無人居住的星球。何況我也常說，地球是人類及一切萬物的母親，可以吸吮母親的乳汁，卻不可摧殘母親的身體。任意地浪費自然資源，如同折母親的骨骼、抽母親的血液、剝母親的皮肉、拔母親的毛髮，樣樣行爲都是加速母親早日死亡。

想把外太空或其他星球的資源運回地球的可能性是很渺茫的。爲了人間淨土能在地球上實現，我們更應該珍惜並且善用自然資源。

第三，工商業界也應該多負起環境改善的義務與責任。譬如，改善製造過程中的一些污染，製造出來的產品最好能不破壞環境、不污染環境。

第四，在教育方面，父母必須在孩子小的時候，就加強孩子對環境保護的知識。教小孩要愛惜物資，知福惜福。應該不斷告訴小孩，大環境被我們破壞之後，就沒有任何的生存空間了。我們只有一個地球，沒有第二個地球。我們住在臺灣，只有一個臺灣，沒有第二個臺灣。如果不懂得環保的生活方式，環保做得很好的國家不但會看不起我們，我們也會因此受到制裁。

（選自《是非要溫柔》）

永不絕望的心

一般人時常要求「安全」與「安定」的保障，總是希望環境給我們安全，給我們安定，如果環境沒有任何安全措施，就會覺得沒有安全感；如果生活上沒有充裕的物質條件，同樣也會覺得不安定。

我們每個人與社會的關係，就像人與環境是互相依存，互相影響的。環境可以影響人，人也影響環境。可是究竟是誰來影響環境呢？答案是：每個人都能影響環境，甚至於一個念頭、一句話、一舉一動，都足以影響整個社會。

或許有人認爲平民百姓的力量不夠，必須由大人物來登高一呼，才有力量。事實上，大人物有大人物的力量，小人物有小人物的影響力，大人物的力量也是根據一般人的需求，匯集成他們的聲音和他們的力量；而且，大人物所掌握的也只有他個人影響所及的範圍；可是大眾集體的力量，卻是一股巨大且足以影響整體社會的力量。因此，只要每個人心念一轉或是心理某種觀念一改變，社會便會受到不同的影響，如果再加上身體力行所表現出來的行爲，所產生的影響力就會更大了。

既然個人和社會是互動的，所以社會的態度或社會的風氣，也會使每一個人隨之轉變。但社會風氣又是從何而來？有時候是更大的環境所造成的，例如日本、美國、歐洲社會發生什麼樣的流行，常常很快就被引進臺灣，甚至造成所向披靡的風潮，有些不好的風氣，也會透過這種模式被帶到臺灣來。

雖然說「社會影響我們，我們被社會影響」，但站在宗教教育的立場，人是可以不受環境影響而變壞，反而可以因爲信仰的熏陶而變好，進而影響社會。一般人說：「江山易改，本性難移。」但宗教教育的精神，是不會對任何人失望，也不會對任何情況絕望。

心淨則國土淨

《維摩經》說：「隨其心淨，則佛土淨。」《大乘起信論》說：「心生則種種法生。」意思是說，當人的內心清淨時，他所看到的環境便是清淨的，心所嚮往的、心想要完成的，也一定會完成；例如「心靜自然涼」，當心安靜下來時，體溫就不會升高，會比較耐得住悶熱。

所以，如果內心能夠清淨，對環境、社會的感受，就會大不相同；如果心不清淨，充滿了不平、憤怒、仇恨、嫉妒與不滿，所看到的人，都覺得是壞人，碰到任何事都會覺得討厭，這全都是因爲心不清淨，所以看到任何現象就會引起自身的煩惱。如果心能安定，那麼所看到的社會，也會讓人感到安心。

今天的社會風氣，處處顯示出人心的苦悶，以及得不到安定感的困境。多數人以爲要謀求人心的安定，先要從改善生活做起，所以期望用政治、經濟、法律來改善社會環境，也就是希望人人有飯吃、有屋住、有衣服穿，進一步希望建立良好的政治、經濟措施以及完善的法律制度來保障人民；因此，歷來政治家、教育家、宗教家、企業家們站在不同角度、不同立場，都紛紛提供他們的力量，貢獻不同的才能，期望建立安定的社會。

因此，過去的人，爲了國家、民族、社會而努力奉獻，心中就找到安定的力量。但現代人對國家、民族、社會的意識已逐漸淡薄模糊，所以今天社會上很多人覺得自己茫茫然地一天過一天，不知道每天是爲了什麼而忙，完全失去了生活的目標。其實，如果人心有所寄託，無論在任何情況下，心都能夠安定下來。所以說，救人必先救心。要使社會獲得眞正的安定，仍要從人心的安定做起。

心不隨外境所轉

如何安心？最重要的就是不受外在環境影響。如果心不受環境所左右，那就是智者，心中必定自在安定。若心爲環境所轉，必生煩惱。例如過於強烈的欲望將因無法滿足而產生憤怒，隨之而來的挫折，又會帶來恐懼與猜疑；又例如人家謗你一句，就暴跳如雷；人家讚你一句，就洋洋得意；被人冤枉，就痛苦懊惱；被人恭維，就趾高氣揚。雖然這些反應都是人之常情，但這都是因爲不能自我肯定，才會處處需要別人肯定自己。佛法教我們應該做到心不隨「境風」所動，也就是「八風吹不動」，所謂「八風」是指：利、衰、毀、譽、稱、譏、苦、樂。

當然，生活中難免出現逆境，我經常勸勉大家，處理棘手的問題時，應該坦然地面對它、接受它、處理它、放下它；也就是說，遇到任何困難、艱辛、不平的情況，都不逃避，因爲逃避不能解決問題，只有用智慧把責任擔負起來，才能眞正從困擾的問題中獲得解脫。

爲了達到內心的安定，我們應該要接受心靈環保的觀念，就是要少欲知足，知足常樂。雖然，在實際生活上不容易立刻做到，更不容易時時刻刻都做到，但是不妨每天練習著，慢慢一點一滴做著安心的工夫。

實踐心靈環保的方法有三種：

1. 佛教的禪修念佛，能夠讓人心自然安定。

2.時時生起慚愧心，反省與悔過，就像儒家所說「吾日三省吾身」。其實一天反省三次還是不夠的，應該要時時刻刻知道自己的心在做什麼。

3.經常以感恩心，面對生活環境中的每一個人及每一件事，全心奉獻服務，目的是爲了報恩。

用這三種方法落實心靈環保，就可以隨時隨地安定自己的身心，成長自己的人格，也能爲社會大眾，帶來安定的力量。

人間需要溫暖，社會需要關懷，人人若能自安己心，必然也能安定他人，所以大家必須攜手合作，共同建立一個安定的社會。

（選自《平安的人間》，原篇名〈安定人心・安定社會〉）

淨心與淨土

一、淨化社會必須先淨化人心

社會是許多人共同生活的環境，也是彼此進行交流和活動的場所，其中只要有一人發生異常的狀況，他所表現出來的語言行爲或身體行爲，就會影響到周遭的人。

目前社會的人心，都是努力於追求及爭取，似乎人生的目標，就是爲了不斷的爭取，這種心態是有問題的，如果每個人都能有「盡心盡力第一，不爭你我多少」的想法，社會風氣就會改變。

淨化社會的工作，是不論地位高低、權勢大小，每個人都有責任，只要人人都能先從自己的內心做起，社會上就減少了一些問題。

二、淨化人心要認識自我

(一)自我是自私的我

什麼是「人心」呢？人心是極爲抽象的，凡是人的觀念、人的想法、人的欲望或人的願望，都叫作人心；而「自我」，就是自私的我。

人生而自私，這是事實；大家嘴上都會說是爲社會、爲國家、爲民族，如果捫心自問，恐怕就不是事實了。所以說：「十年寒窗無人問，一朝聞名天下揚。」究竟讀書是爲了誰？又是誰在聞名呢？出名後又是誰會衣錦榮歸呢？說穿了，這一切都是爲了自己。

通常，我們對別人的狀況都能夠分析得很清楚，並且提出自己的看法，凡是對他人的批評、指責、要求，都能說得頭頭是道。雖然說：「知己知彼、百戰百勝。」但事實上，了解自己比了解他人更困難。因爲人的眼睛、耳朵都是向外看、向外聽，很少有人會向內看、向內聽；如同伸出手來，都是指著你、指著他，指東、指西，很少是指往自己的良心，或者是聆聽自我內心審查的聲音。

也因此，我們很容易對自己的成就誇大，對別人的貢獻，雖然不一定會全部抹煞，但是心裡常常不見得認同，有時候只是覺得不好意思，口頭上勉強鼓勵幾句，也算是捧了場，至於是否眞正能發自內心誠懇的讚歎，那就很難說了。

(二) 自我的範圍

所謂「我」，具體的說就是個人的身體，包括頭、手、腳等都是我的，而身體又在哪裡呢？身體是生活在我們所生存的環境裡，它包括了自然及社會的環境。

身體只有短暫的存在，從出生開始，一天天成長，也一天天接近死亡。雖然身體是暫有的東西，但是在未離開這個世界之前，仍要愛惜這個身體，好好照顧它、運用它；即使有人說，這個世界很危險，即使某些宗教也說世界末日快到了，但畢竟末日尚未來到，仍要好好保護它。

如果說身體是我，那麼誰知道這是「我」呢？如果說，我的心知道這是我的；那麼，我的心又是什麼呢？

「心」是念頭、思想、觀念、信仰及精神的連貫和延續；一個念頭一個念頭連接起來，就是心的活動，當念頭停止時，心就不存在了。

「心」具有相當大的功能，它能創造世界和宇宙，也能毀滅世界和宇宙；能爲我們帶來幸福，也能爲我們帶來災難；世界上有許多的哲學理論及宗教信仰，就都是源於人類的「心念」。

近幾年來，臺灣的各級議會不但經常吵架，甚至打架，這就是因爲觀念的衝突、思想的不同與理念的不調和，使得人與人之間產生種種矛盾。照理說，政治家是救國救民，宗教家是救世救人的，但是，爲什麼許多的政治家爲了推行自己的理念，不惜發動戰爭？而宗教徒爲了宣揚愛人的信仰，也不惜殺人如麻呢？爲了救世，反而對世界的和平造成破壞；爲了救人，結果是殺人。可見每個人的自我都有其範圍，一旦與外界有衝突時，便會產生對抗的態度。

(三) 自我的層次

「自我」的內容，從小至大可分幾個層次來看：1.我的心，2.我的身體，3.我所生存的社會及環境，4.整個地球，5.整個宇宙就是我的身體。如果能將自我提昇擴大到第五個層次，自私心就會減少，安全感自然增長。

有一次，有位人壽保險公司的推銷員來向我推銷壽險，我問他：「保壽險是否能保證我不會死呢？」他說：「那倒不能。」我又問：「那還保什麼險呢？」他說：「死後能讓家屬得到經濟上的保障啊！」我告訴他：「我的受益人是全部的眾生，所有的人都是我的受益人。」

事實上，保險的本身就已經說明我們的生命沒有保險、財產沒有保險、安全沒有保險。換句話說這個世界沒有絕對的安全，既然知道如此，更要面對事實來解決問題，這樣心裡才會覺得安全；否則，爲了追求安全，結果很可能會使得身心更不安全。

三、淨化人心淨化環境

人心淨化之後，環境一定會淨化；環境的淨化是治標，而人心的淨化才是治本。曾經有一些研究環保的專家告訴我：「人的精神是最重要的，精神和科技互相配合時，才能眞正落實環保的工作，並使之可久可大。」這是非常正確的觀念。

釋迦牟尼佛成佛之後，是先從人心的糾正、人心的改善做起，那就是心靈環保的工作；他是一位成功的環保運動大師。

佛教中講的「修行」，便是修正我們身心行爲的偏差；尤其首重心理行爲的淨化，因爲心理淨化後，其語言行爲和身體行爲自然就會修正。如果心理行爲未修正，僅僅是外表守規矩，可能只是爲了畏懼法律的制裁或輿論的指責，那麼當他獨自一人，或與觀念行爲有偏差的人在一起時，就會原形畢露，甚至說服自己：「大家都這麼做，我爲什麼不能這樣做呢？」或是「不吃白不吃，不拿白不拿」、「只要我喜歡，有什麼不可以？」這都是一些歪理，當這種歪理形成風氣之後，就會爲社會帶來災殃。

因此，人心的糾正必須從內心的觀念上做起，往往只要念頭一轉，觀念也會隨之糾正過來。雖然我們從小到大已經發展出的思想觀念，一時間要想扭轉過來是很困難的。但是人有可塑性，透過教育可以轉變人心，只要付出愛心、耐心，處處體諒，充分了解，溝通商量，久而久之對方是會接受的。

但是當前的教育制度偏重科技和經濟，忽視人格的教育；因此，希望今後的教育，能多關心人格教育，平衡科技與人文的發展，以淨化社會的人心。在此我提出以下幾個觀念：

(一) 用奉獻來代替爭取

從小我們就被父母期待著長大能夠「出人頭地」，於是我們必須做種種的爭取，爭榮譽、聲望、財物、權力、地位，爭同情、支持等。當然，爭取成功的本身並沒什麼不好，但是在過程中如果因爲自己想要出頭而打壓他人、抹煞他人，那就是不道德的行爲。

不如改變觀念，以奉獻來取代爭取，奉獻得愈多就愈能顯出自己的成就；若有許多人因我們的奉獻而得到幫助，解決困難，那才是榮譽。

(二)以惜福來代替享福

在一般人的觀念裡，自己有福報時，就會運用各式各樣的資源來享受生活、享受權力、享受成果，總認爲既然得到而不去享受，那不是很愚蠢嗎？

但是從佛教的觀點來說，一個人的福報是極爲有限的，就像任何人在銀行裡都不可能有無限量的存款，即使是大資本家，他的存款也是有限的。而且，無論是存股票、存黃金、存美金，都不一定穩當，只要世界局勢丕變、政治制度改革、社會環境混亂，所有的存款都很可能在一夕之間隨風而去；因此佛陀告訴我們：財產爲五家共有——惡政、盜賊、水、火、不肖子。

可是沒有惜福觀念的人會說：「管他呢！至少我這一生，地球的資源還不會全部用光吧？我兒子、孫子那一輩，地球也應該沒有問題，還不致於到毀滅的程度。」從佛法的立場來看，時間是無盡的，眾生也是無窮的、無盡的、無量的，只要地球存在一天，眾生就能在這個地球多活一天。

而地球本身的資源有限，如果我們揮霍無度，自己認爲是享福，實際是糟蹋，是損福；糟蹋的愈多，損福就愈多。這不僅是物質的糟蹋，也是對眾生心靈的損害，所造成的惡果，到頭來仍然必須由我們自己承擔。

㈢以因果的觀念來面對現實，以因緣的觀念來努力以赴

「因果」是從時間的關係來看，我們現在所做的，未來一定會有結果出現；而現在我們所接受的，是由於過去所造的因而得到的結果。「因果」又可分兩大類，第一是共業：例如全地球、全人類共同的因果；第二是別業：每個人的生命過程，從無量世的過去到無量世的未來，一個階段一個階段，所應負的因果責任。

一般人只能看到、承認和了解歷史的因果，因爲，過去人的種種行爲，不論是好是壞，對人類是有貢獻或破壞，我們都在受其餘蔭或餘殃，也就是

承受前人的成果。儒家說：「積善之家，必有餘慶。」意思是說如果祖上有德，子孫自然繁榮；祖上無德，做了許多壞事，必定殃及子孫。這樣的因果觀念，有時正確，有時又似乎不符事實，因為有的家庭很努力，卻絕了後代；諸如此類遺憾又無奈的事，在這世界上很多，於是有人會說老天瞎了眼，這麼好的家庭，都沒有得到好的果報。

佛教徒相信，一個人此生幾十年生命，只不過是無窮生命之流中的一個小小段落；過去生之前又有無量的過去，此生之後仍有無盡的未來。但這個「三世」的觀念，是許多非佛教徒所無法接受的。因此曾有人告訴我：「如果你能證明給我看，我就相信三世因果。」我告訴他們，這是一種信仰，從信仰的角度來看，這是一項事實，透過過去、未來以及現在，因果就能講得通，就很合理了。

所以，我們必須面對現實，因為目前的現實，是從過去一直到現在的，同時對過去的所作所為負起責任，並且接受這樣的責任、這樣的結果。

常言道「種瓜得瓜，種豆得豆」，可是種瓜的未必有瓜吃，種豆的未必有豆吃；未種瓜的吃到瓜，未種豆的吃到豆；有人平步青雲，有人坎坷一生。這究竟是什麼道理呢？

因果必須還有因緣的配合。「因緣」就是在由因到果的過程之中，種種主客觀的因素，有許多不是人爲的力量所能掌控的，而是環境的關係。

各人有各人的因緣，因此，最重要的是，必須要以因緣的觀念，盡心盡力戮力以赴，這就是面對現實。

四、人間淨土是可以實現的

人間淨土這個名詞，是今日臺灣佛教界都在提倡的觀念。究竟什麼是人間淨土？它在那裡呢？是不是眞的實現了呢？

《維摩經》裡說：「隨其心淨，則佛土淨。」意思是說，如果你的心清淨，你所處的世界，就是清淨的。這並不是自我陶醉，而是只要你的心清淨，不管這個世界如何，都不受其影響時，那麼，你所見到的世界就是清淨的。當釋迦牟尼佛成佛時，他看到芸芸眾生都具有佛性，娑婆世界就是淨土，就是這個道理。

在平常生活中，我們也可以很容易感受到所謂「境由心轉」，心裡快樂時，下雨天會覺得雨景詩情畫意，天冷時舒服，天熱時溫暖。當心裡不舒服、煩亂、憂愁時，看到別人笑，都會覺得人家在對他冷笑。

我曾經看過一對夫婦正在吵架，他們的孩子在外面玩得很高興，回家時又蹦又跳又笑地叫著爸爸媽媽，沒想到母親劈頭就罵他，接著父親又給他一巴掌。其實，孩子是可愛的，只是碰到父母正在吵架，心情正不好，他就挨罵挨打了。因此，世界可以是淨土，也可以是地獄，完全由你的心來決定。

當我在指導禪修時，會鼓勵禪修者在任何情況下，都要保持內心充滿喜悅，這在佛教中稱爲「隨喜」——隨境而喜、隨事而喜、隨人而喜。其實，這並不容易，因爲賺錢、陞官、生孩子、娶媳婦、抱孫子時，一定可以隨喜。如果家中發生不順的事，或者聽到背後有人批評、指責你時，還能隨喜嗎？孔夫子說：「聞過則喜，知過必改。」聽到別人說你的過失時，還會歡喜，這是不簡單的，即使是修行人，雖然不會形之於色，也不會去反駁對方，但內心有時候還是會有一點點的波動。

不能隨事、隨人、隨時而有喜悅感的話，倒楣受損的是自己。因爲人家已經跟你過不去了，你還跟自己過不去，這不是很愚蠢嗎？不如將念頭一轉，自然可以體驗到「心淨國土淨」了。譬如夫妻吵架時，如果某一方能心存隨喜，以喜悅的心，感謝有機會來關懷對方，這個架自然就吵不起來了。

夫婦之間若能彼此隨喜，互受影響，並且夫唱婦隨，就會影響他們的兒女及家人，在工作的環境中，自然也能影響共事的夥伴。一個人又可能間接或直接影響幾個人，最後可以影響到無數的人；在時間上拉長，空間上擴大，這便是《維摩經》裡所說的「無盡燈」。

《維摩經》中的這個比喻，是把我們的本性，形容爲燈的光明，叫作「無盡燈」。又像是佛像背後或頭上刻畫出的光環、光圈，這個光就是智慧的光、慈悲的光，也就是清淨心的光。相對的，煩惱的心、不清淨的心是黑暗的，看不到智慧與慈悲的光。

五、法鼓山的四環運動

今天，我們共同生活在這個地球上，它就像一條船，如果不小心弄破船底，大家都會遭到沉船落海的命運；又如同在一個魚缸裡，只要其中有一尾魚產生排泄物，其他的魚都會受到污染。「各家自掃門前雪」，只管自己安危，不顧他人死活的想法是行不通的，因爲環境本身就是一個整體，連我們每個人的呼吸都是息息相關的。所以只要生存在同一個環境裡，不要只看到別人受害，似乎跟自己沒有關係，其實直接、間接的後果都會回報到自己身上來。

法鼓山舉辦過多次「心靈環保」的演講，並且也推動著「禮儀環保」、「生活環保」、「自然環保」的活動。事實上，我們做的只是杯水車薪的工作，因爲整個大環境有那麼多人，我們要做的實在有限；但是只要目標正確，即使只有少數人響應，我們也要繼續做下去。

一九九三年年初，法鼓山推動了一次「清潔日」運動，有五千多位信眾同時在全省不同的地方打掃環境，於是就有人說：「以後環境髒了，就請法鼓山的會員來打掃。」這是錯誤的觀念，我們不是清潔隊，而是提倡「清潔日」的觀念，希望以此拋磚引玉，帶動風氣，期待每一個家庭、每一個人，都能像法鼓山的信眾這樣，照顧自己的家，照顧自己所處的環境，乃至到任何地方，也能照顧所居住的生活環境；那麼，我們的環境就是淨土，法鼓山的「四環」運動就算成功了。

（選自《平安的人間》）

環保心語

環境本身就是一個整體，連我們每個人的呼吸都是息息相關的。所以只要生存在同一個環境裡，不要只看到別人受害，似乎跟自己沒有關係，其實直接、間接的後果都會回報到自己身上來。

化混亂為祥和

每個社會都會因爲民族、宗教、政黨、行業的差異，造成想法、作法、表達意見方式的不同。在這種情況下，生活在同一個大環境中一定會產生妒忌、猜疑、衝突等狀況。同時，世界的潮流是多元的，每個地區也都會受到世界環境影響而變動，如此種種都容易造成社會的動盪，臺灣自然也不能倖免。

如果分析臺灣社會動盪的原因，會發現其實很多事件都是亂中有序，事出有因、週而復始，而使得環境一直在變，這是「動」，不是「亂」。

如何因應這種變化快速、複雜的社會環境呢？我的建議是，能夠不動就不動。例如：大家一窩蜂說某部電影好看，非看不可，自己沒看過就顯得落伍；哪首流行歌曲好聽，自己不會唱，甚至也不知道有那首歌曲，好像就不夠時髦。如果因此而跟著大家追逐流行，就不免心浮意亂了。其實，只要自己不爲所動，就不會被捲入類似的漩渦中。

風氣是創造出來的，因此人們可以想出新的觀念，或新的風格來取代、改善現實混亂的環境。譬如我們法鼓山提倡「心靈環保」，強調觀念轉變、心靈健康、心靈淨化，這對大多數人都有用，不論是不是佛教徒，不限定哪一種宗教，如果能從自己著手來改變混亂的風氣，社會亂象就會少一些。

心靈環保是一種內心的反省，反省自己的內心世界。例如，凡是自私的想法，便會跟別人衝突，到頭來也會讓自己受到衝擊，讓自己不舒服；所以，爲什麼要使自己痛苦而不讓自己快樂呢？最好是放棄自私，以開放的心胸接納他人，化解痛苦轉爲喜悅，不要讓自己的心被污染、受傷害，這就是心靈環保。

一般人通常會以自私心來保護自己，但這是不可靠的，反而因此會受到更多的傷害，感受更多的痛苦。心靈環保不但可使自己快樂，也會令他人快樂；使自己健康，也會使他人健康；使自己平安，也會使他人平安。

面對臺灣的未來，我們不必太悲觀，因爲事在人爲。「心靈環保」的觀念提倡以來已有十多年，至今已廣受肯定，受用的人很多，許多人也在接觸後，改變了人生觀，獲得勇氣面對現實，人與人之間的相處、互動，也不再只有無奈、失望、失落、沒有安全感等，而是和諧、溫馨、寬容、體諒。這些事實證明了，我們的社會仍有向上提昇的力量。

要化混亂爲祥和，應先從小團體開始，慢慢擴大到大團體。換言之，從個人、家庭再到社會，個人的心理健康、觀念正確，家庭就能和樂，社會也能平安。

（選自《人間世》）

人與生存的環境對話

在邁入二十一世紀的今天，不論已開發或開發中國家，都已日漸了解環保工作的重要性，也或多或少已投入了環保工作的行列。不過，仍有兩個觀念，尚待加強落實。

首先，就珍惜資源來說，多數國家都知道保護境內資源的可貴，卻無視於其他國家的自然資源也應當受到保護。地球資源是全體生命所共有的，不可能因爲個人掃好自家門前雪，就算是做好了環保工作。因爲海洋資源、大氣資源及地底資源，雖有每個國家的領海、領空、領土區分，然而資源卻都是同屬於地球全體而不可分割的。如果保護自己國家的資源，而希望大舉開發破壞其他國家的自然資源，這還是加速破壞了地球環境的安全。

在我們減少破壞環境資源的同時，也應思考地球永續發展的課題。農業時代，人們的需求少，需求與供給之間尚能保持平衡，人類從農作物獲取養分，然後又將廚餘物的堆肥，回饋給農作物，大自然因此能夠生生不息。

此外，就環保的意涵來說，除了大自然需要保護之外，也應該重視社會環境的保護。所謂社會環境，就是人與人之間的互動關係。而社會環境破壞的原因，就在於人我之間的矛盾與衝突，包括個人與個人之間、團體與團體之間、政黨與政黨之間、國家與國家之間、宗教與宗教之間；甚至在同一個團體內也會因爲理念不同，運作不一，形成對立的摩擦。

如何加強落實對於自然環境及社會環境的保護？只有從減少人類的貪欲著手。對於物質的欲望，多數人總是不能滿足的，哪怕早就超越了實際的需要，依舊貪得無厭。於是，社會環境和自然資源就難免要受害遭殃了。當人們用心於你爭我奪、爾虞我詐的伎倆時，其實就是對社會環境的摧殘。而明知自然資源有限，人類卻不以智慧來保育、維護、生產，反以權謀、暴力、殺雞取卵的方式加以鯨吞和蠶食，必然會對我們居住的環境造成無法補救的損害。

但從各方面來看，如今的環境生態已不復以往，要想保護自然與社會環境，必須要更進一步改變行爲與觀念，其中最重要的是要回歸根本，從環保觀念的改善著手，這也就是法鼓山要提倡「心靈環保」運動的原因了。

（選自《人間世》）

環保心語

如今的環境生態已不復以往，要想保護自然與社會環境，必須要更進一步改變行為與觀念，其中最重要的是要回歸根本，從環保觀念的改善著手。

第四篇

世界的心靈環保

將心靈環保推向世界

我曾經參加二〇〇二年在泰國曼谷召開的第一屆「世界宗教暨精神領袖理事會」（World Council of Religious Leaders），主要是爲了討論如何解決宗教衝突的問題。開幕典禮吸引了四千多人參與，世界各宗教領袖代表總共有七十多人與會，大家共同爲世界和平而祈禱。泰國王儲也於大會開幕典禮中致詞，肯定大會宗旨。

理事會召開後，所獲得最具體的結果就是，將這個原本不定期的會議組織，確立爲常設機構，總部分設在紐約及曼谷，每年召開一次年會，並確立未來執行的方向與目標，負責協助聯合國致力於宗教相關的議題。

在六月十二日至十四日三天會議期間，分組討論了四個主題：防止及緩和種族衝突、恐怖主義，貧窮與發展，以及環保與倫理問題。我參與了環保小組的討論，擔任共同主席；此外，我也參加了貧窮與發展小組，並於會中發言。

環保是備受全球關心的議題，然而，許多人在談論環保時，只強調不要浪費自然資源、要重複使用自然資源，永保青山綠水的自然生態；可是如果人的價值觀沒有改變，人與宇宙的一體觀不能建立，永遠都只能頭痛醫頭、腳痛醫腳，不會完成環保的終極任務。

我們生存的地球環境，因爲人類的過度開發與浪費，已造成自然資源的急速損耗，與生活環境的全面破壞。爲了徹底、有效解決問題，環保工作應該先從內心做起，也就是倡導我所主張的「心靈環保」；否則雖然解決了某一些問題，卻又會製造另外更多的問題。人的價值觀如果不能從個人的擴大爲全體的，從眼前的延展到永遠的，環保是無法眞正做好的。

人類總是自私的，都希望自己能夠得到的多、享受的好，貪圖眼前的利益。其實，除了自己之外，應該想想地球上的其他眾生也有求生存的權利，包括全人類，以及一切動植物生存的權利，也應該多留一些自然資源給我們的後代子孫。我們應該透過廣大久遠的時空，來謀求利益的著眼點，應該和一切眾生共同並且持久的享受地球上的資源。有一位印地安人的西雅圖酋長比喻，大地是人類共同的母親，所以我們在吸吮母乳之時，必須保護母體的健康。

如果我們經常有布施心、有照顧環境健康的心，以彼此奉獻取代相互掠奪，以保護換取報酬，讓當代全人類以及後代子孫、一切眾生，都能過得平安快樂一點，我們自己的健康、平安、快樂才有保障，這就是心靈環保。唯有這樣，才能眞正落實環保工作。

更進一步說，如何落實心靈環保？可以用「慈悲沒有敵人，智慧不起煩惱」兩句話做爲準則。也就是說，存慈悲心便不會製造敵人，如果能夠把天下蒼生都看成自己的親友，就能夠保護自己，也能夠保護環境了，大家都能自保保人，大家都能少煩少惱，這便是落實心靈環保的境界了。

我在那一次的世界宗教暨精神領袖的理事會議中，也提出了「心靈環保」的觀念；隨後，和我共同主持「環保小組」的另一位主席Rabbi Israel Meir Lau，是國際「地球憲章」的一位理事，他即表示，他會在二〇〇二年十月份於約翰尼斯堡召開的該會會員大會中，建議把心靈環保列入地球憲章。這項回應，等於將法鼓山宣揚的心靈環保，推廣到世界性的環保組織中。

在那次曼谷會議之中，我也在另一個探討貧窮問題的會議上發言指出，現代人心靈貧窮所衍生的問題，比物質貧窮的問題更嚴重。物質貧窮雖然在生活上會有飢餓、疾病等苦難，心靈貧窮卻容易讓人們對自然環境與社會環境造成毀滅性的破壞。解決物質貧窮的方法是鼓勵布施，加強教育、生產；解決心靈貧窮，則必須提倡心靈環保。

當然，這次會議召開的最重要目的，還是在於討論如何化解世界上宗教衝突的問題。我個人認爲，不要在乎自己與他人宗教信仰的差異，也就是求其同而存其異，不要爭論誰的宗教信仰最眞最好，凡是能夠認同共同的利益，解決共同面臨的問題，才是最重要的。而且也不要只思考個人的問題，應該從人類的共同利益作考慮，尋求互助合作的方式，便能使大家都過得健康、平安、快樂。

（選自《人間世》）

環保心語

存慈悲心便不會製造敵人，如果能夠把天下蒼生都看成自己的親友，就能夠保護自己，也能夠保護環境了，大家都能自保保人，大家都能少煩少惱，這便是落實心靈環保的境界了。

世界宗教領袖在二十一世紀的任務

在二十一世紀的今天，由於高科技的快速發展，人類在資訊、交通、生活資源等各方面，都比過去更方便更富裕，但各種傳統的價値觀，也因而面臨各式各樣的挑戰。尤其是保守性的宗教信仰、種族的優越感、社會結構、生活方式等，在機制全球化、社會多元化、思潮後現代化的局面下，無時無處，不在遭受著批判和激盪。

宗教乃是全人類共同的源頭和依歸，但我們也不能否認，由於若干保守的宗教人士易將異己者誤視爲邪惡，因而形成了排斥和對立，製造了仇恨與衝突。這是有待我們積極化解的問題。

本次會議應該討論的重點，是宗教領袖要如何協助聯合國，來化解宗教與族群的衝突？如何來紓解世界的貧窮問題？如何來做好全球性的環保工作？以及如何來消弭暴力的戰爭與恐怖的攻擊事件？換句話說，二十一世紀的宗教領袖，除了傳播各自信仰的宗教以外，也得扮演好挽救人類危機的多重角色。這些項目，也正是我所屬的團體「法鼓山」，最近十多年來所努力倡導及實踐的工作。現在，我便針對這幾點稍加介紹，敬請各位指教：

一、如何化解衝突？不論是宗教、政治、文化等各種族群之間，均應有「求同存異」的共識，也就是在追求共同的利益和目標之時，不妨允許有歧異的想法和做法。這就好比共同生活在一個家庭之中的成員，也允許有不同的想法和做法一樣。中國儒家主張「和而不同」，佛說「眾生有種種根性，都有成道的機會」，又說「叢林之中，能容千萬種眾生」。其實，宗教不會有衝突，被信的神也不會有問題，唯有人類愚昧的詮釋，才會造成對立與衝突。所以我們必須呼籲：凡在聖典中見到有與人類和平牴觸的文字，均應給予新的詮釋。

二、如何紓解貧窮？貧窮有兩類，一是物質的，二是心靈的。物質的貧窮，使人的生活困苦，心靈的貧窮，卻能造成毀滅性的大災難。物質貧窮的族群，非常可憐，心靈貧窮的族群，則極具危險性。今天國際間人道救援的對象，除了荒旱、水澇、地震等災區的災民，主要的還有兵亂戰區的難民。生產力的不足和戰爭的破壞，造成了物質的貧窮，而族群之間的衝突和戰爭，則是源自心靈的貧窮。因此，我們如果希望紓解貧窮的問題，最好的辦法便是由宗教領袖們來鼓勵人人發願，轉變掠取和占有的自私心，而成爲奉獻和布施的慈悲心。物質富裕的族群，固然應當奉獻和布施，但物質貧窮的族群，也該用隨喜的心做布施。若能普遍推廣這種奉獻和布施的運動，則既可紓解物質的貧窮，也可解決心靈貧窮的問題，如此世界的永久和平才有希望。

三、如何做好環保工作？正如大家所知道的，我們生存的地球環境，已在迅速地惡化之中，主要的原因就出在人類過度的開發及浪費，造成自然資源及生活環境的大量損耗及破壞。因此，如何做好環保工作，已是如救燃眉的急務。可是環保必須要從世人價值觀念的改變做起。所以，我們法鼓山這個團體，正以心靈環保爲主軸，再進一步推展禮儀環保、生活環保、自然資源及自然生態的環保。心靈環保是向內心省察，啓發智慧心及慈悲心。心靈富裕之後，便有充分的安定感及安全感，對內心對外境，便不會矛盾衝突；與人相處之際，便會尊重對方，時時以禮相待；在日常生活之中，便不會因爲奢求物質享受的滿足而浪費了資源、破壞了環境。因此，對於宗教領袖而言，心靈環保，特別重要。

四、如何消弭暴力及恐怖事件？站在宗教領袖的立場，慈悲和博愛，乃是絕對的眞理、正義及和平，不可能分離。如果爲了主持正義、崇拜眞理，而訴之於暴力及恐怖的行爲，那是必須接受勸阻的，也是應該受到譴責的。動用武力，也許會有暫時的震懾作用，但永久和平的基礎，卻必然要建築在對等的尊重及相互的寬容之上。甚而不僅是互惠互利，還要做不求回饋的布施，要做沒有條件的奉獻。而在這全心的布施及全力的奉獻之中，自己必然生產得最多，成長得最快，也最強大，所以也是徹底消弭暴力及恐怖事件的最好辦法。

綜合以上所說的求同存異、奉獻布施、心靈環保、尊重寬容，便可望使得人類在本世紀中，漸漸獲得普遍的和平。而這也正是我們所提倡的願景：祈禱天國降臨到地球，把人間建設成爲淨土。

（選自《致詞》）

環保心語

心靈環保是向內心省察，啓發智慧心及慈悲心。

心靈環保是全球性的運動

多年來，法鼓山一直在推動心靈環保，除了在國內提倡之外，我也在關係著整體人類未來的全球性會議，包括「千禧年世界宗教暨精神領袖和平高峰會」（The Millennium World Peace Summit of Religious and Spiritual Leaders）、「世界經濟論壇」（World Economic Forum），以及二〇〇二年在曼谷召開的「世界宗教暨精神領袖理事會」中，提出心靈環保的理念。心靈環保的內容指出了什麼是人的正確價值觀念，也就是人生的責任是盡責盡分，人的功能是從奉獻中成長，人的意義是隨時消融自我而經常喜悅自在，人的生命是融入於無限的時空而又超越於無限的時空。如果我們能夠清楚了解這些，就不會茫然無序，就不會空虛無聊。

從生命的存在來看，每一個生命都具有「將來性」，雖然這個將來性的發展因人而異，但一定有其價値。凡是有宗教信仰的人，都相信生命有永恆的未來，稱爲終極的關懷。即使沒有宗教信仰的人，也應該體認每一個人的存在，是與國家、民族、整體人類，甚至與全宇宙的存在，密切相關。

我們的肉身雖然只有短短幾十年的壽命，卻與歷史的生命和社會的生命結合在一起，永遠不會、也不可能脫離宇宙時空的整體生命。因此，每一個生命都是非常偉大的。

不管有沒有宗教信仰，如果具備這樣的想法，就不會有生存的恐懼感；人與人之間的相處，也不會有疏離感，當然也不會有這麼多的衝突、對立。我們只要心胸開闊，隨時隨地就會有一種平安的感覺，對於人格的穩定及成長，也會有所幫助。

不過，如此偉大的生命是一般人難以體會的，那需要先從觀念的建立、方法的練習，漸漸地才能有所體驗。因此，我一向提倡在生活中，盡量練習運用禪修的觀念及禪修的方法，使我們的心念，盡可能不受外在環境的影響、誘惑、刺激而產生困擾。

基礎的禪修觀念是讓我們知道，人人都有機會開悟成佛，只要消融了自我中心的執著，立即就是禪悅和法喜。入門的禪修方法就是體驗呼吸，把全部的注意力放在呼吸的體驗上，頭腦裡就不會有複雜的情緒；或者情緒依然複雜，但經由體驗呼吸，可以讓情緒漸漸穩定下來，這是可以隨時隨地練習的一種方法。此外，具有宗教信仰的人，不管是道教、基督教、天主教、伊斯蘭教、或其他宗教，透過冥想、持誦、禮拜、祈禱，一樣也可以達到內心的安穩與平靜。

在二〇〇二年九月二十一、二十二日法鼓山舉辦的「心靈環保全民博覽會」中，天主教的單國璽樞機主教也應邀出席，與我們共同推動心靈環保。從立意與方向來說，心靈環保與天主教推動的心靈改革，是彼此相呼應的；而從心理學來看，心靈環保與情緒管理及心理分析，也有異曲同工之妙。心靈環保不僅超越人我對立的自我，也超越全體統一的自我，不論是什麼領域的人士，希望超越人與人、人與環境對立的想法，都是一致的。因此，我們提倡的心靈環保，是在推動一個超越宗教、超越民族、超越國界的大運動，它是屬於全人類的心靈提昇運動，乃至於不論有沒有宗教信仰的人，都可以一同分享。

（選自《人間世》）

環保心語

心靈環保的內容指出了什麼是人的正確價值觀念，也就是人生的責任是盡責盡分，人的功能是從奉獻中成長，人的意義是隨時消融自我而經常喜悅自在，人的生命是融入於無限的時空而又超越於無限的時空。

心靈環保解仇恨

問：恐怖分子不時出擊，即使強國早有防備，卻仍阻止不了恐怖攻擊。許多人罵主戰的美國和英國，世人好像倒有點同情恐怖分子了。法師怎麼看？

答：這是因果循環。恐怖行動或反恐怖行動，都使用暴力，這是錯誤的，以暴制暴，永無了期。

但世人愚癡，總一再犯下同樣的錯誤。以前說：「秀才遇到兵，有理說不清。」但現在是，秀才講不清，就找兵來打兵，這樣行嗎？能解決問題嗎？

或許暴力的結果是，有一方暫時屈服，卻養精蓄銳，等著有一天復仇。

武俠小說不都有這樣的情節嗎？因爲復仇練武的高手，終於打遍天下無敵手，等他老了，想金盆洗手、退隱山林，但成嗎？不成，因爲他又成了別人的敵人，還有許多後生小輩學武有成，下山尋仇了。使用暴力的高手，終究要死於刀槍下。好比日本的武士道也是這樣，代代尋仇，又有什麼意思呢？人活著不該只是爲了復仇，要有更積極、建設性的意義。

以色列和巴基斯坦問題不是容易解決的，打從舊約時代就互相壓迫，宗教加上民族仇恨，以及近代的政治恩怨，這結已是難解。

我上次去中東，那裡的穆斯林，念念不忘以英美爲首的盟軍，對中東國家所做的壓迫，他們稱爲「新十字軍東征」。英美等國，現在雖比阿拉伯伊斯蘭教國家強盛，但是一時打贏，並不能遏止暗中活動的恐怖分子。除非殺光所有穆斯林，否則受到欺壓的穆斯林，世世代代都要來復仇的。

要解決層出不窮的恐怖攻擊，不是消滅，而是化解。我在西方世界、伊斯蘭教世界，都是說同樣的話：「戰爭是錯誤的；恐怖攻擊也是錯誤的。」暴力無法解決任何事。

《孫子兵法》說「不戰而屈人之兵」是最高戰略，殺戮不是高明的辦法。我期待英美能想出更好的解決之道，比如以經濟援助、教育援助、文化交流等來釋放善意，不要以自己的宗教信仰來統治全世界。

像佛教就不會想要把全世界的人都變成佛教徒，眾生自有不信佛的人，雖然度盡眾生是我們的責任，但這不是可以馬上完成的事。

「度」字的意思不是指讓大家變成佛教徒，只要不打仗、不傷害人，有好生之德，都算是佛教徒、都是佛陀的信徒；這也是我提倡「心靈環保」的意思，任何宗教、政治立場的人，只要認同心靈環保，都算是同道了。

（選自《方外看紅塵》）